课程论视角下的中小学课程改革研究

吴均筠 著

中国原子能出版社

图书在版编目（CIP）数据

课程论视角下的中小学课程改革研究 / 吴均筠著.
北京：中国原子能出版社，2024. 12. --ISBN 978-7
-5221-4021-6

Ⅰ. G632.3

中国国家版本馆 CIP 数据核字第 202447TR53 号

课程论视角下的中小学课程改革研究

出版发行　中国原子能出版社（北京市海淀区阜成路 43 号　100048）
责任编辑　张　磊
责任印制　赵　明
印　　刷　北京厚诚则铭印刷科技有限公司
经　　销　全国新华书店
开　　本　787 mm×1092 mm　1/16
印　　张　14.5
字　　数　225 千字
版　　次　2024 年 12 月第 1 版　2024 年 12 月第 1 次印刷
书　　号　ISBN 978-7-5221-4021-6　　　　定　价　89.00 元

前　言

以课程论的独特视角对中小学课程改革进行深入研究，不仅是对课程本质和教育理念的一次深刻探讨，更是为改革实践提供科学依据和有力支撑的重要途径。这一研究不仅有助于我们深化对课程内涵、功能及其在教育体系中地位的认识，还能为中小学课程改革的推进指明方向，确保其沿着科学、合理的轨道前行，对促进我国教育事业的全面、健康发展具有不可估量的积极影响。

课程论作为教育科学的一个重要分支，它为我们理解课程提供了理论框架和分析工具。通过对课程论的深入学习和剖析，我们能够更加全面地把握课程的本质属性、功能定位，以及课程设计、实施与评价的核心原则和方法。这些理论知识为我们指导中小学课程改革的实践提供了坚实的理论基础，确保了改革方向的正确性、目标的明确性以及措施的可行性。

在课程论的指导下，对中小学课程改革的研究显得尤为关键。它要求我们不仅要对现有的课程体系进行细致的剖析，揭示其中潜在的问题与不足，还要对课程内容的选择、教学方法的运用以及课程评价体系的构建进行全面而深刻的反思。通过这样的研究，我们能够精准地定位课程体系的薄弱环节，为改革提供具有针对性、可操作性的策略与建议，从而推动中小学课程体系不断完善，从而更好地适应时代发展的需要和学生成长的需求。

本书正是基于课程论的视角，系统而全面地阐述了中小学课程开发与教学设计的基本原理、课程与教学目标的设定、核心素养的培育维度，以及课程改革的目标、内容与价值追求。同时，本书紧密结合中小学各学科的实际情况，详细分析了语文、数学、英语等学科的体验式教学模式，旨在通过创新教学方法，提升教学质量与效果。此外，本书还紧跟时代步伐，关注到了现代教育技术的发展趋势，对微课的基本认知、开发流程与应用实践进行了深入探讨，并特别介绍了智博微课的认知理念与制作技巧，为中小学教师提供了丰富多样的教学工具和资源，助力他们更好地开展教学实践活动。

在本书的撰写过程中参考了众多权威文献和其他学者的研究成果，在此对作者们表示衷心的感谢。然而，由于时间紧迫且个人水平有限，书中难免存在一些疏漏和不足之处。因此，诚挚地邀请广大读者、专家学者对本书提出宝贵的意见和建议，以便在后续版本中进行修改和完善，为推动中小学课程改革、提升教育教学质量贡献更多的智慧和力量。

目　录

第一章　课程与教学论基础

第一节　课程与教学论概论

一、课程与教学论的研究对象和任务

在整个教育科学体系中，课程论和教学论作为两个既相互独立又紧密相连的学科，各自承载着独特而又相互交织的研究对象与任务，共同构成了教育理论与实践的基石。

（一）课程与教学论的研究对象

1. 现象与问题

课程论不仅关注课程设计阶段的理念构建、目标设定、内容选择等宏观层面，还深入考察课程实施过程中的教师执行、学生参与、资源调配等微观细节，以及课程效果评价中的反馈机制、持续改进等后续环节。它特别强调课程与社会文化背景、学生个人发展之间的动态关联，探索这些因素如何相互作用，影响课程的有效性与适切性。教学论则侧重于教学活动本身的细微之处，包括教学策略的选取、教学方法的创新、课堂氛围的营造、学习动机的激发等，深入分析这些要素如何促进师生间的有效沟通、学生的知识建构

与能力提升，以及教学过程中可能遇到的各种挑战与解决方案。

2. 规律

课程论致力于发现课程内容编排的逻辑性、课程结构设计的合理性以及课程实施与评估的科学性等基本规律，旨在构建一套既能反映学科知识体系内在逻辑、又能适应学生认知发展规律的课程体系。教学论则通过实证研究，探索不同教学情境下教学方法的适用性、教学策略的灵活性以及教学反馈的有效性等规律，为提升教学质量、优化教学效果提供理论支撑。

3. 事实问题、价值问题和技术问题

在事实问题层面，课程论需验证课程内容的准确性、时效性和实用性，教学论则需评估教学方法的实际效果、学生参与度及学习成效。价值问题上，课程论需审视课程设计是否体现时代精神、社会需求以及能否促进学生全面发展，教学论则需反思教学目标是否促进学生核心素养的形成、情感态度的培养。技术问题方面，课程论关注如何利用现代技术手段优化课程设计、增强课程互动性，教学论则探索如何运用教育技术提高教学效率、实现个性化教学。

（二）课程与教学论的任务

1. 揭示规律

课程论与教学论的首要任务是通过系统的观察、实验与分析，深入挖掘教育过程中的客观规律，为教育实践提供坚实的理论基础。这不仅包括对已有教育实践的总结提炼，也包含对未来教育趋势的预测引导，帮助教育者把握教育发展的脉搏，提升教育决策的科学性。

2. 确立价值

在课程与教学设计中明确并坚守正确的价值取向，是课程论与教学论的另一重要使命。这意味着教育者需根据社会发展的需要、学生成长的规律及教育理念的更新，不断调整教育目标，确保教育活动既服务于社会进步，又促进每个学生的全面发展，特别是培养其批判性思维、创新能力、社会责任感等关键能力。

3. 指导教育实践，推动教育创新

除了揭示规律与确立价值外，课程论与教学论还承担着指导教育实践、推动教育创新的重任。通过理论与实践的结合，它们为教育工作者提供具体可行的操作指南，帮助他们在日常教学中灵活运用研究成果，解决实际问题。同时，鼓励教育者基于理论框架进行教学方法、课程模式的创新尝试，不断探索适应新时代要求的教育路径，促进教育系统的持续进步与革新。

（三）课程论与教学论的关系

课程论与教学论作为教育学科体系中的两大核心支柱，它们之间存在着紧密而深刻的内在联系与互动关系。

从研究对象的角度来看，课程是教学的内容载体与灵魂所在，它明确规定了教学的目标导向、内容体系、方法选择以及组织形式等关键要素。而教学则是课程理念与内容得以落地实施的重要途径与手段，它通过一系列精心设计的教学活动，将课程内容转化为学生的知识积累、技能提升与情感发展。因此，课程论与教学论在研究对象上相互依存、相辅相成，共同构成了教育活动的完整链条。

从任务目标的层面来看，课程论与教学论都肩负着提高教育教学质量与效率、促进学生全面发展的崇高使命。课程论通过不断优化课程设计，为教学提供科学、合理、富有吸引力的内容载体；而教学论则通过改进教学方法与策略，提高教学的针对性、实效性与吸引力，确保学生能够高效、愉悦地掌握知识与技能。两者在任务上相互促进、协同发力，共同推动教育事业的持续进步与发展。

在课程设计与教学实施的具体过程中，课程论与教学论也保持着密切的联动与协作。在课程设计的初期阶段，需要充分考虑教学的实际需求与学生的认知发展特点，确保课程内容既符合社会发展的客观要求，又能够激发学生的学习兴趣与积极性。而在教学实施的过程中，则需要严格遵循课程设计的原则与方法，灵活运用各种教学策略与手段，确保教学目标的顺利达成与教学效果的最大化。

同时，在课程论与教学论的研究方法上，也呈现出明显的交叉融合趋势。随着教育研究的不断深入与发展，越来越多的研究者开始尝试采用跨学科的研究方法，将课程论与教学论的研究方法相互借鉴、有机融合。这种跨学科的研究方法不仅有助于揭示教育现象的本质规律与内在联系，还能够为教育实践提供更加科学、有效、全面的指导与借鉴。

（四）我国课程与教学论学科的发展

随着我国教育改革浪潮的持续推进与全面深化，课程与教学论学科迎来了前所未有的发展机遇与严峻挑战，并在这一过程中取得了举世瞩目的进步与辉煌成就。

在构建学科理论体系方面，我国课程与教学论的专家学者们，在广泛借鉴国际先进教育理念与理论框架的基础上，紧密结合我国教育的实际情况，开展了大量富有创新性的本土化探索与实践。他们不仅深入剖析了我国教育的历史传承、现实需求与未来趋势，还积极将传统文化精髓与教育智慧融入现代课程与教学论体系之中。经过不懈努力，逐步构建起了既具有国际视野，又彰显中国特色的课程与教学论理论体系。这一体系不仅全面涵盖了课程设计的核心理念、基本原则、科学方法，以及教学过程的组织策略、管理规范、评价体系等多个维度，还深刻体现了我国教育的时代特征、文化特色与民族精神，为推动我国教育事业的繁荣发展奠定了坚实的理论基础。

在学科研究方法上，我国课程与教学论领域也呈现出多元化、创新化的蓬勃态势。量化研究、质性研究、混合方法研究等多种研究方法被广泛应用于课程与教学论的各个研究领域，使得研究更加深入细致、全面系统。这些研究方法的引入与融合，不仅极大地提升了研究的科学性与有效性，还推动了学科研究的不断深化与拓展，为课程与教学论的理论创新与实践应用提供了强有力的支撑。

此外，随着信息技术的迅猛发展，课程与教学论学科也紧跟时代步伐，积极关注信息技术在教育领域的应用与影响。学者们深入探索信息技术与课程教学的深度融合路径，研究如何利用信息技术手段优化课程设计、提升教学效果、促进学生学习方式的转变等关键问题。这些研究成果为教育教学的现代化转型提供了有力的理论支撑和实践指导，推动了我国教育信息化进程的不断加快。

二、学习课程与教学论的意义

1. 教学作为学校教育的核心，从根本上决定了课程与教学论的重要性

课程与教学论，作为一门深入探讨课程规划、设计、实施以及教学评价等核心议题的学科，其重要性首先源自教学在学校教育体系中的核心地位。学校作为知识传授与能力培养的主要场所，一切活动都围绕着教学活动展开。中小学教师，作为教学活动的直接执行者，每日都需面对并解决一系列具体的课程与教学难题，例如，如何设计吸引学生的课程内容、如何采用有效的教学方法促进学生理解、如何评价学生的学习成效等。这些问题，无一不触及课程与教学论的研究范畴。

随着基础教育课程改革的深化，教师不仅仅再是课程的执行者，更是课程的参与者和创造者。校本课程开发、特色课程设计等任务，要求教师必须具备一定的课程理论与实践能力。不掌握课程与教学的基本原理和技术，教师将难以有效参与课程开发，更无法在教学中灵活运用各种教学策略以满足学生多样化的学习需求。因此，无论是理解课程标准、进行教学设计，还是实施教学、评估效果，课程与教学论都是中小学教师不可或缺的专业知识基石。

2. 课程与教学实践活动离不开课程与教学论的科学指导

课程与教学是一项高度复杂且富有创造性的实践活动，它不仅要遵循教育的基本规律，还要根据学生的实际情况、社会的发展需求以及教育技术的发展不断更新与优化。在这一过程中，课程与教学论作为理论与实践之间的

桥梁，发挥着至关重要的指导作用。

我国的课程与教学论，根植于马列主义教育理论，强调以发展、变化、唯物、辩证、动态的视角去审视和分析课程与教学现象，揭示其内在规律与本质特征。通过学习课程与教学论，教师能够逐步建立起科学、系统的课程与教学观念，增强在教学实践中的自觉性、主动性和前瞻性。在面对复杂多变的教育情境时，才能够坚持正确的教育方向，运用科学的思维方式和工作方法，有效解决教学难题。

具体而言，要提高课程与教学的质量和效率，教师需要综合考虑课程内容的选择与组织、学生的学习特点与需求、教学条件与环境以及教师自身的专业素养等多个维度，灵活运用多种教学手段和方法，以实现教学过程的最优化。这一过程，不仅是对教师教学智慧的考验，更是对其课程与教学理论应用能力的检验。因此，无论是高等师范院校的学生，还是在职的中小学教师，乃至教育研究者，都必须深入学习和研究课程与教学论，以提升自身的专业素养，更好地服务于教育教学实践。

3. 学习课程与教学论是社会发展和教育改革不断推进的必然要求

跨入 21 世纪，人类社会已全面迈入信息化时代，知识经济的浪潮汹涌澎湃。在这个科技日新月异、信息瞬息万变的时代，人们面临着前所未有的挑战与机遇。为了跟上时代的步伐，适应知识经济社会的发展要求，人们必须不断学习、终身学习，持续更新自己的知识体系与技能储备。这一趋势对学校教育提出了严峻的挑战，也为其指明了发展的方向：培养既具备扎实知识基础，又拥有创新能力与实践能力的各类建设人才，以满足知识经济时代的迫切需求。

在这一背景下，课程与教学论的研究显得尤为关键。它不仅要深入分析当前教育改革的新趋势、新特点，还要积极探索如何使学校教育更好地适应社会发展的要求。在我国新一轮基础教育课程改革不断深化的进程中，中小学教师需要掌握哪些新课程理念，如何根据这些理念调整教学内容与方法，如何进行教学设计以促进学生全面发展等问题，都成为了课程与教学论必须深入研究的重要课题。

因此，无论是身处教学一线的中小学教师，还是从事教育研究、管理等相关工作的教育工作者，要想搞好中小学教育教学工作，就必须深入学习和研究课程与教学论。通过系统学习，他们可以更好地理解教育教学的本质规律，掌握科学的教学方法与策略，在实际教学中更加自觉地遵循教育规律，从而提高教学效果，培养出更多适应时代发展的高素质人才。

4. 学习和研究课程与教学论是中小学教学实践的迫切要求

有人或许会说："不学课程与教学论，照样能上课。"然而，这种看法只看到了表面现象，却忽视了学习课程与教学论对于提高教学质量、促进教学改革的重要性。在现实生活中，虽然有些教师没有系统学习过课程与教学论，但仍然能够完成教学任务，他们的教学往往缺乏科学性和系统性，难以达到最佳的教学效果。

通过考察当前我国中小学教师队伍的现状，我们发现，由于种种客观原因，如师资培训不足、教学资源分配不均等，导致中小学教师队伍的整体水平还有待提高。许多教师在从事教学工作时，缺乏自觉的教育思想和理论指导，其教学往往具有盲目性。他们不研究也不讲究各科教学方法的特殊性，不了解或不完全了解学科教学规律，甚至违反教学规律的现象也时有发生。例如，有些教师在教学中只关注知识的传授，而忽视了知识与技能、过程与方法、情感态度与价值观三维目标之间的相辅相成关系。他们把学科知识当成现成的结论来传授，忽视了知识的形成过程，把科学教学简单地看成是给学生灌输现成的知识。此外，这些教师在教学中更多地考虑如何讲授知识，而缺乏对学生学习策略、方法和习惯的有效指导。

然而，中小学各门学科都有其独特的特点与规律。掌握了课程与教学论基本理论的教师，往往能够更加科学而巧妙地将教学规律应用于教学实践之中。他们能够根据学科特点和学生实际情况，灵活地选择和应用科学的教育方法，改革现有的教学模式与方法，使教学过程更加生动活泼、富有成效。因此，对于中小学教师而言，学习和研究课程与教学论不仅是提高自身教学水平的需要，更是推动教学改革、提高教学质量的迫切要求。只有不断学习、不断探索、不断创新，才能成为卓越而成功的教育者，为培养更多适应时代发展的高素质人才贡献自己的力量。

三、学习课程与教学论的方法

1. 课程与教学论需要系统学习

在现实生活中，我们确实能观察到一些并未在学校专门学习过课程与教学论学科的人，在踏上教师岗位后依然能够展现出卓越的教学能力。这一现象看似与先前强调课程与教学论重要性的分析存在矛盾，实则不然。

首先，我们必须明确，单纯的学习经历并不等同于真正掌握某门知识或技能。虽然学校提供了系统学习课程与教学论的便捷路径，但学习效果却因人而异，有的人虽然经历了学习过程却未能深入领会其精髓。反之，也有人虽未经历正规的课程学习，却通过其他方式，如长期的实践经验积累、自我反思与主动学习，逐渐掌握了课程与教学论的核心理念与方法。

其次，掌握课程与教学论的途径是多元且灵活的。除了传统的学校教育外，个人还可以通过经验摸索与自学提升来逐步深化对这一领域的理解。每个人的成长经历中都蕴含着对教育的独到见解，这些经历在无形中为我们积累了初步的课程与教学知识。当真正成为一名教师后，日复一日的教学实践更是成为了我们不断试错、反思与成长的宝贵土壤。同时，那些善于自学、乐于探索的教师，他们通过阅读专业书籍、参与教育研讨、借鉴他人经验等方式，不断拓宽自己的知识视野、提升教学技艺，最终也能在课程与教学领域达到较高的水平。

尽管实践摸索与自学提升是可行的学习途径，但系统学习课程与教学论仍被视为全面掌握该学科的最佳方式。系统的课程学习不仅能够帮助我们构建起完整而连贯的知识体系，确保我们对课程与教学论的理解既全面又深入；而且，在专业教师的引导下，通过精心设计的教学活动，我们能够更加高效地掌握学科的核心概念、原理与方法，避免在学习过程中走弯路。此外，系统学习还为我们提供了与他人交流、合作与共享的平台，促进了知识的碰撞与融合，进一步激发了我们的创新思维与实践能力。

综上所述，虽然掌握课程与教学论的途径多种多样，但系统学习无疑是其中最为高效且全面的方式。它为我们打下了坚实的专业基础，为未来的教学生涯提供了源源不断的智慧与力量。当然，学习是一个永无止境的过程，即使我们已经掌握了课程与教学论的基本知识与技能，也仍需在实践中不断磨砺与提升，以更好地服务于学生的成长与发展。

2. 掌握学科的基本结构

要真正学好一门课程，关键在于深入把握和理解该学科的基本结构，这一基本结构涵盖了学科的核心概念、基本原理、方法论以及内在的价值观念。在课程与教学论这一领域中，这一系列要素构成了一个紧密相连、相互作用的知识体系。学习的首要任务，是全面而系统地掌握这些基本概念、原理、价值观和方法，并通过深入的思考和实践，将它们有效地融入个人的认知框架之中，使之成为自己思考问题、解决问题的有力工具。

在课程与教学论中，"课程"与"教学"作为两大基石，对它们的理解不能仅停留于表面的定义，而应深入挖掘其背后的深层含义及二者间的内在联系。课程，本质上是基于社会对人才的需求和教育自身发展规律的考量，对文化知识进行精选、重组和有序安排的过程；而教学，则是学生通过这一系列安排，实现文化传承和个人成长的重要途径。要准确把握这两个概念，既需从宏观的社会、教育背景出发，理解其在整体教育体系中的位置和作用，又需在微观层面，结合课程与教学论的其他相关概念，不断丰富和深化对其的认识。这种既抓核心要义又注重概念间联系的学习方式，有助于构建起以课程和教学为核心的概念网络，即课程与教学论的范畴体系，这是学科基本结构不可或缺的一部分。

此外，课程与教学论还蕴含着一系列基本原理和价值观念。在课程论层面，如何平衡社会、文化与青少年发展之间的关系，是核心的理论议题，而传承文化精髓、促进青少年全面发展、体现社会价值则是其根本的价值追求。

这些价值主张在不同的理论流派中各有侧重，是多元理论交锋与融合的结果。在教学论方面，教师与学生之间的关系、教学与青少年发展的互动，构成了理论探讨的核心，强调教学应促进青少年的全面发展，并优化师生间的互动模式，这是教学论最基本的价值导向。学习课程与教学论时，应深刻理解这些核心原理和价值观，并以此为指导，统摄其他知识的学习，使各部分内容相互支撑、相得益彰。

同时，掌握课程与教学的一般专业技能也是学好该课程的重要一环。无论是课程目标的设计、教材的编纂、课程的实验评估，还是教学的准备、实施、评价等，都涉及具体的操作技巧和行动规范。在这一过程中，贯穿始终的是课程与教学优化的理念，即追求高质量、高效率的教育实践。提升课程与教学的科学性、质量等，都是这一理念的具体体现。在课程与教学的技术方法层面，明确并坚持优化原则，就如同拥有了一把解决各类具体操作问题的钥匙，能够将各种技术方法有机整合，形成一个协调统一的整体。总之，全面掌握学科基本结构，是学好课程与教学论的终极目标，这要求我们在概念、原理、价值观和方法等多个维度上建立整体联系，深刻领悟其内在逻辑和基本特征。

3. 联系实际，学思结合

理论联系实际作为现代教学的核心原则之一，其重要性在课程与教学论的研究与学习中体现得尤为突出。课程与教学论不仅深入探究课程与教学的本质规律，构建理论框架，还紧密关注教学实践，致力于解决一线教学中的具体问题，从而展现出其既蕴含深厚理论底蕴又具有强烈实践导向的学科特性。因此，在学习这门课程时，我们必须将理论与实践紧密结合，不仅要在理论上精耕细作，更要在实践中勇于尝试、善于总结，通过实践深化对理论的理解，同时以理论指导实践，实现知行合一。

在理论与实践的结合中，首先，我们应积极利用个人经历、鲜活案例及现实教学情境来诠释和内化理论。例如，面对课程这一复杂概念，我们可以回顾自己的学习经历，分析不同科目的课程设计，从而更直观地把握课程的内涵与外延。对于启发式教学等教学理念，通过走进课堂，亲身观察师生的互动，我们能更深刻地体会到其在实际教学中的应用与挑战。而"面向全体学生"的教学原则，在了解到农村中小学大班额教学的现实困境后，我们会更加认识到这一原则的迫切性和重要性。这种理论与实践的相互映照，不仅使理论理解更加生动具体，也促进了理论在个人认知结构中的深化与固化。

其次，学以致用是学习的最终目的，我们应将所学理论应用于分析教育现状、解决教育改革中的实际问题。当前，基础教育课程改革正如火如荼地进行，作为学习者，我们应紧跟改革步伐，深入了解课程改革的背景、目标、内容及实施情况，运用课程与教学论的原理去分析改革过程中遇到的问题，提出建设性意见。同时，面对信息化时代的挑战，教学信息化已成为不可逆转的趋势，我们应及时关注信息技术在教学中的应用，探索如何有效利用技术手段提升教学质量。此外，身边的教学小问题同样值得我们关注，通过小切口深入研究，也能收获宝贵的实践经验。

在学习课程与教学论的过程中，学习与思考相辅相成，缺一不可。古人云："学而不思则罔，思而不学则殆。"这强调了学习与思考并重的重要性。在学习专业知识的同时，我们应保持批判性思维，勇于质疑，敢于探索。学习过程中，应主动进行思维活动，如分析、对比、归纳、概括等，以加深对知识的理解。同时，学习也是不断发现问题、解决问题的过程，我们应善于捕捉学习中的疑惑，通过独立思考寻找答案。例如，关于知识学习与能力发展的关系，我们可以通过广泛阅读、实践观察、经验总结等方式，深入探讨两者之间的内在联系，形成自己的见解。

最后，学习课程与教学论，既要扎实掌握理论知识，又要勇于实践探索，更要勤于思考创新。通过理论联系实际、学思结合，我们不仅能深刻理解课程与教学论的精髓，还能在教学实践中对其灵活运用，不断提升自己的专业素养和教学能力。

4. 注意扩展学习

研读教材是奠定学好课程与教学论坚实基础的关键步骤，而将理论与实践紧密结合，实现学思并重，则是深化学习、提升学习质量的必由之路。在此基础上，积极拓展学习边界，通过广泛的课外阅读来丰富和拓展课内所学，显得尤为重要。课程与教学论作为一门高度综合的学科，它融合了课程论与教学论的核心内容，同时借鉴了哲学、教育学、心理学等多学科的理论与方法，对教学中的诸多问题进行了深入剖析。因此，要想顺利掌握并深刻理解课程与教学论的精髓，就必须先打下相关学科坚实的基础，熟悉其基本内容和方法论。

为了更有效地学习，首先应当深入研读课程与教学论领域的经典名著。这些名著不仅是对教育问题深刻思考的结晶，在学术史上更是具有里程碑意义。例如，夸美纽斯的《大教学论》对班级教学制度的开创性设计，赫尔巴特的《普通教育学》对教育性教学的有力倡导，杜威的《民主主义与教育》对儿童经验和需求的深切关注，泰勒的《课程与教学的基本原理》提出的课程编制四大核心问题，以及赞科夫的《教学与发展》对发展性教学的系统阐述，都是值得我们深入研读的宝贵财富。通过研读这些名著，我们不仅能更深刻地理解课程与教学原理的思想渊源，还能直接领略学术大师们的独特见解和研究方法。

其次，丰富课程与教学的历史知识，全面了解国内外课程与教学的现状，也是不可或缺的一环。学习课程与教学论的原理，旨在获取一种理性的把握，但理论本身往往具有概括性和简约性，需要通过具体的历史知识和现实了解来填补其细节上的空白。更重要的是，通过学习历史，我们能够清晰地看到人类课程与教学的演变轨迹，从中汲取经验教训，使我们在面对问题时能够站在巨人的肩膀上，避免重蹈覆辙。同时，对当前国内外课程与教学的大局以及具体问题的了解，也能帮助我们形成全局观，避免片面和狭隘。

再次，多读专业杂志，紧跟学术前沿动态，也是提升学习效果的重要途径。教材虽然能够反映一个学科的基本共识和稳定知识，但对于最新的学术进展往往难以及时涵盖。因此，通过阅读专业杂志，我们可以及时了解课程与教学论领域的最新研究成果和热门话题，如校本课程开发、研究性学习、发展性评价、学生主体性提升以及现代化教学手段的应用等。这些杂志上的论文往往对专题有深入的介绍和分析，不时还会涌现出新的见解和观点，为我们的课内学习提供丰富的补充和深化。

最后，广泛阅读相关的参考书籍和专业书籍也是必不可少的。在课程与教学论的各个细分领域，如中外课程与教学论思想史、教学目标设计、教材分析、潜在课程研究、校本课程开发实践、教学设计理论、教学模式探索、教学艺术提升以及教学评价方法等，国内都有大量的专题著作问世，这些书籍为我们提供了宝贵的学习资源和参考材料。同时，不同层次的课程论、教学论以及课程与教学论教材也值得我们仔细研读和比较。此外，对于一般教育学、心理学及其分支学科的相关知识，我们也需要有所了解和掌握，以便更好地理解和应用课程与教学论的原理和方法。

第二节　课程与教学的基础

一、课程与教学的教育学基础

教育学作为专门研究培养人的社会科学，其内涵丰富且深远，其中对课程与教学论的研究占据了举足轻重的地位。尽管教育学和课程与教学论在研究的侧重点和深度上有所差异，但它们的最终目标却是一致的，即都是为了促进人的全面发展，培养适应社会发展的高素质人才。教育学作为教育科学体系中的基础学科，其基本原理为包括课程与教学论在内的各门学科提供了坚实的理论基础和指导思想。

1. 教育本质论

教育本质论是教育学研究的核心内容之一，它深入探讨了教育的本质属性和社会功能。现代教育的本质，简而言之，就是为现代社会培养所需的人才，是推动国家发展、民族复兴的根本所在。在当今这个全球化、信息化的时代，教育已经成为国家竞争力的重要组成部分，教育水平的优劣直接关系到国家的未来和命运。

从教育与社会发展的纵向关系来看，教育的产生与发展是一个历史演进的过程。它起源于原始社会的生产生活实践，随着社会的进步和生产力的发展，教育逐渐从简单走向复杂，从无序走向有序，形成了完整的教育体系和深厚的教育理论。同时，课程与教学方法、技术手段也经历了从落后到先进的不断革新。在不同的社会历史时期，教育呈现出不同的特点和风貌，这既是社会历史条件的反映，也是教育自身发展规律的体现。教育在发展过程中既受到社会环境的制约，又具有一定的独立性和继承性，这种独立性和继承性保证了教育的连续性和稳定性。

从教育与社会发展的横向关系来看，教育与社会生产力和经济之间存在着密切的相互制约关系。社会生产力和经济发展水平直接决定了教育的规模和速度，以及教育的目的、制度、课程、教学方法和手段等。同时，教育作为培养人才的摇篮，其质量和数量又直接影响着社会生产力和经济的发展水平。教育与政治经济制度的关系也是辩证统一的，政治经济制度决定了教育的性质和服务方向，而教育则通过培养符合社会需求的人才来反作用于政治经济制度，推动社会的进步和发展。

此外，教育与文化、科学的关系也是密不可分的。教育不仅是文化传承和发展的重要途径，也是科学技术进步和创新的重要推动力。同时，文化和科学技术的发展又不断丰富和拓展了教育的内容和形式，为教育的发展提供了更广阔的空间和更丰富的资源。

教育本质论深刻揭示了教育的社会性质和功能，为我们从教育与社会关系的高度去审视和探讨课程与教学的改革方向提供了重要的理论基础。课程与教学作为教育活动的基本组成部分，其发展和变革同样受到社会意识形态、政治经济制度以及生产力、经济和科技发展水平等多重因素的影响。因此，在课程与教学的实践中，我们必须充分考虑这些因素，以教育本质论为指导，不断探索和创新，推动课程与教学的改革与发展，为培养更多高素质的人才贡献智慧和力量。

2. 教育功能论

教育功能论，作为探讨教育对象——学生与教育之间复杂关系的理论框架，其核心在于揭示两者间相互制约、相互影响的深层次机制。学生的成长与成才并非孤立存在，而是受到遗传素质这一先天基础、个人主观努力的内在驱动力、社会客观环境的外部塑造及学校教育这一关键环节的共同作用。教育功能论使我们深刻洞察到，课程与教学不仅是知识传授的载体，更是促进学生全面发展的强大力量。

遵循教育与人的发展相互制约的规律，课程与教学必须紧密围绕学生的身心发展特点进行精心设计。具体而言，这要求我们：首先，依据学生身心发展的顺序性和阶段性特征，课程内容的编排与教学活动的组织应循序渐进，确保学生在每个发展阶段都能获得适当的挑战与支持；其次，针对学生身心发展的不平衡性，特别是在关键期和成熟期，应适时调整教学策略，采用更为高效、针对性的教学方法，以最大化促进学生的潜能发挥；再次，考虑到学生身心发展的稳定性与可变性并存，课程设计需兼顾共性与个性，既要把握学生群体在不同阶段的普遍特征，又要灵活应对个体差异，实施差异化教学，避免"一刀切"的僵化模式；最后，充分尊重学生身心发展的个别差异性，课程与教学实施应高度个性化，通过灵活多样的教学策略，满足不同学生的独特需求，促进其个性化发展。

总之，违背学生身心发展规律的课程设计与教学活动，不仅效率低下，甚至可能产生适得其反的效果，严重阻碍学生的健康成长与全面发展。因此，深入理解和遵循教育功能论的指导原则，是提升教育质量、实现教育目标的关键所在。

3. 教育目的论

教育，作为人类特有的、有意识、有目的的社会实践活动，其目的不仅是作为教育工作的根本导向，也是衡量教育成效的最终标尺。教育目的的确立，既受到社会需求的深刻影响，也受限于人的身心发展规律的内在约束。

单纯从社会需求出发，过分强调教育的社会价值，忽视教育对个体成长的促进作用，这是教育目的社会本位论的偏颇之处；而单纯从人的本性或身心发展规律出发，片面追求教育的个体发展价值，则可能忽视教育对社会进步的推动作用，这是教育目的个人本位论的局限所在。

实际上，教育具有促进社会发展和促进个体发展的双重功能，这两者并非孤立存在，而是相互依存、相互促进的。因此，教育目的的社会发展价值取向与个人发展价值取向应实现有机统一，既要满足社会对人才的需求，又要促进人的全面发展。此外，教育生活论强调教育应服务于人的现实生活，提升生活质量；而教育谋生论则注重教育应为人提供生存技能，增强社会适应能力。这两种观点也为我们理解教育目的提供了有益的视角。

我国的教育目的，以马克思主义关于人的全面发展学说为理论基石，紧密结合我国社会主义现代化建设的实际需求以及人的自身发展需要，体现了理论与实践的紧密结合。其基本点在于"使学生德、智、体、美、劳全面发展"，旨在培养"社会主义现代化事业的建设者和接班人"。这一教育目的的确立，既体现了对个体全面发展的重视，也体现了对社会进步的贡献。

深入了解和研究教育目的，是推进课程与教学改革的首要任务。教育目的的实现程度与水平，是衡量课程与教学是否科学、先进、优良的重要标准。因此，在课程与教学的研究与创新过程中，必须清晰把握教育目的的价值取向，确保改革方向正确，避免误入歧途。

4. 师生关系论

师生关系，作为教育学领域内一个历久弥新且至关重要的议题，其复杂性与深刻性不容小觑。在课程实施与教学活动的广阔舞台上，教师与学生作为两大核心角色，他们的定位、作用以及相互之间的关联与互动，共同构成了师生关系研究的丰富内涵。

长久以来，教育学界对于课程与教学活动中究竟应以教师为中心还是以学生为中心的问题，一直争论不休。赫尔巴特与凯洛夫等学者坚守教师中心论，强调教师在教学过程中的绝对权威地位，学生则需对教师保持绝对的服从。而杜威则旗帜鲜明地提出了学生中心论，他认为教育的所有措施，包括课程与教学的设计，都应紧紧围绕儿童这一中心，依据儿童的兴趣来组织教学内容，让儿童在学习生活中实用的知识中成长，并在实践中学习，高度重视儿童的直接经验。

然而，我国众多教育学学者在深入研究后指出，无论是教师中心论还是学生中心论，都存在一定的片面性。在课程实施与教学活动中，教师应扮演主导者的角色，而学生则是学习的主体。在这种理念下，新型师生关系应具备以下显著特点：教学相长，即教师在教导学生的过程中也能不断学习和进步；爱生尊师，师生间应充满关爱与尊重；民主平等，师生在人格上应处于平等地位；心理相容，师生间应相互理解、包容；沟通理解，师生间应保持良好的沟通与交流；交往合作，师生应共同努力、协同合作。

师生关系论为课程与教学的研究提供了重要的理论依据。首先，它强调课程与教学的研究必须实现从教师中心向学生中心的转变。以学生发展为中心的课程与教学，更符合现代教育的先进理念。其次，师生之间的优化合作与协同活动，是课程与教学得以有效实施并取得良好效果的关键所在。课程与教学改革的成功，深受师生双方素质及其配合程度的制约。任何脱离对方而孤立存在的教或学，都难以取得令人满意的效果。

二、课程与教学的心理学基础

心理学，作为一门以人的心理活动为研究对象的科学，其研究成果为课程与教学提供了坚实的理论基础。从古希腊哲学家亚里士多德依据官能心理学提出的体育、德育、智育和谐发展的教育思想，到赫尔巴特基于观念运动理论而推行的"统觉"论，都深刻体现了课程与教学的心理学基础对学校课程设计及教学改革所产生的深远影响。

在课程与教学的发展历程中，当代的行为主义心理学、认知心理学和人本心理学三大流派，对现行学校课程与教学产生了尤为显著的影响。

（一）行为主义心理学对课程与教学的影响

具体表现在以下几个方面：首先，它强调课程与教学目标应明确、具体，并进行细致的分解；其次，课程与教学内容应按照逻辑顺序由简至繁进行排列，注重单元教学的实施；再次，它提倡教学设计的重要性，重视运用多样化的教学技术，如程序教学、计算机辅助教学、视听教学等，以提升教学效果；最后，它还尝试对学生外显性的行为进行评价，以此作为衡量教学效果的重要依据。这些影响不仅丰富了课程与教学的理论基础，也为实际的教学实践提供了有益的指导。

（二）认知心理学对课程与教学的深远影响

认知心理学，以皮亚杰、布鲁纳、奥苏贝尔等杰出学者为代表，深入探究了学生在学习过程中的心理活动，尤其是思维活动的复杂机制，并巧妙地引入了"信息加工"的概念。这一学派不仅关注学生思维活动的过程及方式，还深入剖析了学生大脑中原有的认知结构与教材知识结构之间的内在联系，探讨了心理程序与教材逻辑顺序的对应关系，以及学生认知发展阶段或身心发展水平与教材编制、课程教学的紧密关联。同时，认知策略与学习之间的关系也成为了他们研究的重要议题。

布鲁纳尤为重视思维在学生学习知识结构过程中的核心作用。他坚信，对于任何一门学科而言，其思考问题的方法远比知识本身更为重要。在他看来，学生学习的核心任务在于掌握以概念为基石的知识结构，这是理解学科精髓、提升学习能力的关键。

奥苏贝尔则主张有意义地学习，他深感学生认知结构对于学习效果的决定性影响。他认为，教学安排应紧密围绕学生已知的内容展开，只有当新知识与学生大脑中原有的认知结构产生有效联结时，学习才会真正发生。这种"联系"并非简单的堆砌，而是通过新旧知识的同化、概念的分化以及不同知识的整合，形成更加稳固、清晰的认知结构。

此外，认知加工理论还着重强调了信息加工对学生认知结构构建的重要意义。信息加工的形式、速度、选择性注意的能力以及信息编码的策略等，都深刻反映了学生的年龄特征和发展水平，这些因素直接关乎课程和教材的编制质量。

认知心理学对课程与教学的深远影响主要体现在以下两个方面：首先，教材的编制应充分体现"结构"论的思想，精心选择并组织好知识的基本结构，确保其内容既全面又精炼，并按照一定的逻辑顺序呈现，以便学生更好地理解和吸收。其次，课程与教学设计需紧密围绕学生的认知结构水平，充分尊重学生的认知规律，确保教学活动能够顺应学生的发展需求，激发其学习潜能。

（三）人本主义心理学对课程与教学的独特视角

人本主义心理学则为我们提供了另一种审视课程与教学的独特视角。它强调情感在学习过程中的核心地位，认为知识对学生是否具有个人意义，是决定其能否被长期保持的关键因素。

人本主义心理学对课程与教学的影响主要体现在以下三个方面：首先，课程与教学设计应致力于为学生创造主动学习的情境，营造和谐、宽松的学习氛围，让学生在轻松愉悦的环境中自由探索、自主学习。其次，课程与教学应紧密围绕学生的基本需求和生活实际，提供有意义的学习材料。好的课程与教学内容应与学生的日常生活紧密相连，既能丰富学生的情感体验，又能促进其理智的成熟与发展。最后，课程与教学设计应充分尊重学生的主体地位，关注学生的个体差异和独特需求。在教学过程中，教师应以平等、尊重的态度对待每一位学生，鼓励他们表达自己的观点和想法，让课堂成为学生展示自我、实现价值的舞台。

（四）现代心理学作为课程与教学理论依据的主要表现

从对现代心理学三大流派——行为主义心理学、认知心理学和人本主义心理学与课程与教学关系的深入分析中，我们可以提炼出以下两点核心看法：

第一，这三大心理学派各自从独特的视角出发，为课程与教学的发展提供了宝贵的启示和推动。然而，它们的作用往往是单一且局限的，无法全面解决课程与教学领域中的所有问题。因此，我们需要构建一个整体的心理结构观，将这三大学派有机整合。这个整体观应包含三大系统：以认知心理学的思维为核心特征的认知系统，它关注的是知识的获取、加工和存储；以人本主义心理学的情感和意志为核心特征的情意系统，它强调的是学生的情感体验、价值观和自我实现；以及以行为主义心理学的行为技能为核心特征的操作技能系统，它注重的是学生的行为表现和技能掌握。在这三大系统中，认知系统是基础，为操作技能系统提供知识和理论指导；操作技能系统是表现，将认知系统的知识转化为实际的操作能力；而情意系统则是动力，激发学生的学习热情和内在动机。人的心理结构是一个"三合一"的整体，这三大系统相互依存、相互促进，共同构成了完整的人格和心理机能。

第二，三大心理学派在课程与教学领域的应用也各有侧重。行为主义心理学主张课程与教学内容应遵循由简至繁的原则，逐步提升学生的技能水平；认知心理学则强调课程与教学设计应充分考虑学生的认知规律，确保知识的有效传递和内化；而人本主义心理学则注重课程与教学内容与学生的需要、情感紧密相连，激发学生的内在潜能和创造力。因此，心理学的整体结构观、学生的身心发展规律和水平无疑成为影响课程与教学目标确定、知识分类、内容选择等关键环节的重要因素。

基于以上分析，我们可以进一步展开对课程与教学相关问题的探讨：

1. 课程与教学目标的确定

（1）整体性。课程与教学目标应涵盖认知、情感和操作技能三个维度，促进学生的全面发展。这要求我们在设计课程与教学结构、选择教学内容时都要体现整体性，确保各个系统之间的协调与平衡。

（2）层次性。根据学生的身心发展规律和水平，以及认知、情感和操作技能系统的发展阶段，制定不同层次的目标。这些目标应相互衔接、逐步递进，形成完整的目标体系。

2. 课程与教学知识的分类

现代认知心理学从信息加工的角度提出了陈述性知识和程序性知识的分类，这一分类方式对于理解知识的本质和学生的学习过程具有重要意义。陈述性知识是关于"是什么"的知识，它侧重于事实的描述和概念的理解；而程序性知识则是关于"怎么做"的知识，它涉及技能的掌握和问题的解决。在实际教学中，我们应根据知识的类型选择不同的教学方法和策略，以提高教学的针对性和有效性。

此外，我国学者莫雷进一步细化了陈述性知识和程序性知识，提出了联结—陈述性知识、联结—程序性知识、运算—陈述性知识、运算—程序性知识的分类方式。这种细分有助于我们更深入地理解知识的结构和学生的学习过程，为课程知识的编选提供了更为科学和符合学生学习规律的依据。

3. 课程与教学内容的选择

在选择课程与教学内容时，我们需要综合考虑多个因素，其中最重要的是学生的动机和原有认知水平。为了激发学生的内在学习动机，我们应选择与学生兴趣、需求紧密相关的教学内容；同时，为了确保学生能够顺利理解和掌握新知识，我们应选择与学生原有认知水平相适应的教学内容。这要求我们在设计课程时既要考虑知识的深度和广度，又要考虑学生的接受能力和学习兴趣。

4. 教材内容的组织

现代心理学强调教材内容的组织应实现逻辑顺序与心理顺序的统一。泰勒提出的课程与教学组织三原则——连续性、顺序性和整合性，为我们提供了有益的指导。在组织教材内容时，我们应确保知识的连贯性和系统性，同时考虑学生的心理发展顺序和认知特点；我们还应注重各门课程之间的横向联系和整合，帮助学生形成统一的知识体系和观点。

5. 学生在课程研制中的地位和作用

学生在课程研制中扮演着至关重要的角色。他们的学习起因（受人本主义心理学派关注）、学习过程（受认知心理学派关注）和学习效果（受行为主义心理学派关注）都是课程研制工作必须考虑的重要因素。课程目标的确定、内容的选择和教材的组织都应以学生为中心，充分考虑学生的认知水平和规律、情感需求和兴趣偏好以及身心发展规律。

学生素质的发展对课程研制具有方向性作用。课程研制者必须深入了解学生的知识素质、能力素质和品德素质等的发展方向，并以此为依据确定课程与教学的目标。同时，学生身心发展规律对课程研制具有制约性作用。只有符合学生实际的课程与教学才能激发学生的学习兴趣和积极性，促进他们的全面发展；反之，如果课程或教材脱离了学生的实际，就会导致学生的学习障碍和情绪低落，影响学习效果和教学质量。因此，在课程研制过程中，我们必须充分考虑学生的身心发展规律和实际水平，确保课程与教学的科学性和有效性。

第三节　课程的基本理论

一、课程的基本概念

在教育这一广阔而深邃的领域中，存在着众多复杂且多义的概念，其中，"课程"无疑是一个极具代表性的例子。为了深入研究课程理论并准确理解其精髓，我们首先需要对"课程"这一概念有一个清晰而全面的认识。

1. 课程的词源探析

在我国，"课程"一词的历史底蕴深厚，最早可见于唐朝孔颖达对《诗经·小雅·巧言》的注疏中。在《五经正义》里，孔颖达用"课程"来注解"奕奕寝庙，君子作之"，意指维护寝庙的伟业需由君子来依法制进行。这里的"课程"并非直接指向学校教育，而是涵盖了更广泛的含义，包括了对伟业的规划与执行。然而，随着时间的推移，到了宋朝，朱熹在《朱子全书·论学》中频繁使用"课程"一词，如"宽着期限，紧着课程"和"小立课程，大作功夫"，此时的"课程"已逐渐接近我们现代意义上的"功课及其进程"，与学校教育紧密相连。

在西方国家，"课程"对应的英文词汇是"curriculum"，其历史同样悠久且富有深意。英国教育家斯宾塞在其著作《什么知识最有价值》中首次明确提出了"curriculum"这一概念，用以描述"教学内容的系统组织"。该词源自拉丁文"currere"（意为"跑"）的名词形式"curriculum"（意为"跑道"），因此，在西方文化中，"课程"常被理解为学习的进程或路径，寓意着学生在知识的跑道上不断前行。

2. 课程的多元定义

关于课程的定义，学术界众说纷纭，教育与课程理论工作者从各自的研究视角出发，赋予了课程不同的内涵。经过梳理，我们可以将课程的定义大致归纳为以下几种：

（1）课程即学科。这一观点将课程视为由不同学科分门别类设计而成的学校教学内容。学科课程历史悠久，源远流长，如中国古代的"六艺"（礼、乐、射、御、书、数）和西方古代的"七艺"（文法、修辞、辩证法、算术、几何、音乐、天文学）都是典型的学科课程。在现代学校教育中，学科课程依然占据重要地位，它强调知识的系统性和逻辑性，有助于学生构建完整的知识体系。然而，学科课程也因其过于注重知识的传授而可能忽视了学生的兴趣、情感和个人发展，这一局限性也引发了广泛的关注和讨论。

（2）课程即目标或计划。另一种观点则将课程视为预期的学习结果或目标，或视为教育计划或学习计划。这种定义强调了课程的计划性和目的性，认为课程是教育者为实现特定教育目标而精心设计的蓝图。博比特、泰勒等学者是这一观点的代表人物。他们主张，课程应明确设定学习目标，并通过有计划的教学活动来达成这些目标。然而，这种定义也有其局限性，它可能将课程视为教学过程之前或教育情境之外的东西，忽视了课程实施过程中的动态性和学习者的现实经验。因此，在理解和应用这一课程定义时，我们需要保持审慎和全面的态度。

（3）课程即经验。这是一种以学生为中心的课程观。持"课程即经验"观点的人将课程视为学生在教育环境中与教师、学习材料以及同伴等相互作用所获得的全部经验。这种经验不仅涵盖了传统意义上的"活动"和"学习活动"，还强调了学生在学习过程中所形成的独特体验和感受。例如，美国课程论专家卡斯威尔和坎贝尔明确指出，"课程是儿童在教师指导下所获得的一切经验"，而另一位课程论专家福谢依也持相似观点，认为"课程是学习者在学校指导下的一切经验"。近年来，随着教育理念的不断更新，晚近课程论更加强调学生在学校和社会情境中自发获得的经验或体验的重要性，进一步丰富了"课程即经验"的内涵。

然而，这种课程定义也存在一定的局限性。它将学生的直接经验置于课程的中心位置，可能导致人们误以为课程只关注学生的直接经验获取，而忽视了系统知识在儿童发展中的重要作用。实际上，要将所有的知识都转化为学生的实际经验是极其困难的，而且有些知识更适合通过间接的方式传授给学生。因此，在实际教学中，我们需要平衡学生的直接经验和系统知识的传授，确保学生能够全面发展。

基于以上分析，我们可以对课程进行如下定义：课程是按照一定的教育目的，在教育者有计划、有组织地指导下，受教育者与教育情境相互作用而获得有益于身心发展的全部教育内容。这个定义既强调了课程的教育目的性和计划性，又突出了学生在课程中的主体地位和其与教育情境的相互作用。

二、与课程定义相关的概念

1. 教学内容：课程的核心组成部分

教学内容是课程的重要组成部分，它主要回答的是"教什么"的问题。与课程相比，教学内容的外延要相对狭窄一些，因为课程除了包括教学内容外，还涉及教学方法、教学进程等多个方面。在教学内容的选择上，我们需要根据学生的身心发展规律和认知水平，以及教育目的的要求，来确定具体的教学内容和知识点。同时，我们还要注重教学内容的时效性和实用性，确保学生能够学以致用。

2. 学科：课程的主体与知识来源

学科与课程之间存在着密切的联系。传统上，有些人将课程理解为提供给学生学习的一系列学科，但这种观点往往忽视了学生在学校活动中获得的经验。实际上，学科或者说教学科目是现代学校课程的主体，它们为学生提供了系统的知识结构和认知框架。同时，学科也是现代课程知识的主要来源，它们为学生提供了丰富的学习资源和探究空间。因此，在课程设计中，我们需要充分考虑学科的特点和要求，确保学生能够全面掌握各学科的基础知识和基本技能。

3. 知识：课程的主体与多元性

知识是课程内容的重要组成部分，也是学生发展的基石。然而，要给知识下一个准确的定义并不容易，因为知识的类型繁多且不断演变。在课程领域里，人们通常将知识和技能、态度的价值观等并列作为课程内容的一个方面。然而，有些人认为学校课程过分重视知识的学习，忽视了情感和态度的价值观的培养。实际上，知识内容的确是而且应该是课程中最重要的内容之一，但我们也应该注重培养学生的情感态度和价值观，实现学生的全面发展。同时，我们还要关注知识的多元性和层次性，为学生提供丰富多样的学习资源和探究机会，激发他们的学习兴趣和创造力。

三、课程的表现形式

课程的表现形式或者说课程的构成，主要包括课程计划、课程标准、教科书。

（一）课程计划：构建教育体系的蓝图

课程计划，作为教育的总体规划，是由国家教育主管部门根据教育目的和各类学校的教育任务精心制定的指导性文件。它不仅全面规划了学校的教学、生产劳动、课外活动等多个方面，还具体规定了学校应开设的学科、各学科的开设顺序、课时分配以及学年编制等关键要素。课程计划不仅是课程纵向结构中最宏观的安排，同时也为课程的横向结构提供了清晰的框架。它是课程结构的主要表现形式，从全局视角对学校的课程体系进行了明确而具体的规定。

1. 课程计划的详细构成

（1）培养目标。这是根据政府的教育方针和学校的具体性质而制定的教育要求，涵盖了思想品德、知识能力等多个维度，为学生全面发展提供了明确的方向和标准。

（2）课程设置。作为课程计划的主体部分，课程设置详细规定了学校应开设哪些学科，包括课程的结构、安排及具体说明。课程结构明确了学科的类型和开设方式，而课程安排则涉及学科的顺序、教学时数、学年编制以及学周安排等细节，确保教学活动的有序进行。

（3）考核办法。这一部分规定了学期、学年和毕业的考试、考查或考评等评价方式，旨在通过科学的评估机制来检验学生的学习成果和教学质量。

（4）课程管理。鉴于我国课程和管理权限的相对集中性，课程管理在过去可能缺乏足够的灵活性。然而，随着教育改革的深入，我国正在逐步建立更加灵活、高效的课程分级管理制度，以适应不同地域和学校的实际需求。

2. 制订科学、合理的课程计划的关键

（1）明确目标层次。课程计划应清晰分析学校的培养目标，确保目标的全面性和恰当性。这包括知识、能力、个性、心理特征等多方面的要求，并要体现教育的阶段性和层次性，使中小学教育在内容和难度上形成合理的梯度。

（2）深入研究课程设置。在制定课程计划时，应充分了解学生的身心发展水平和已有知识储备，同时预测社会生产、科技、文化等发展对人才素质的需求。在此基础上，深入分析学科的性质、任务、特点，以确定开设哪些学科以及它们的顺序、时间、时数、内容、范围等关键要素。

（二）课程标准：引领教学质量的纲领

1. 课程标准的深刻内涵

课程标准是确定学校教育一定阶段课程水准、结构与模式的纲领性文件。它不仅规定了各门课程的形式、目标、内容框架，还提出了教学和评价的具体建议，对教学、教材编写、评价等各个环节都具有重要的指导作用。根据《基础教育课程改革纲要（试行）》的精神，课程标准具有以下几个显著特点：

（1）关注学生全面发展。课程标准不仅关注知识与技能的培养，还强调情感、态度与价值观的培养以及动作技能的提升，体现了对学生全面发展的重视。

（2）设定最低要求。课程标准规定的是全体学生都能达到的最低要求，而非最高标准，旨在确保基础教育的基本质量和公平性。

（3）服务评价。课程标准是评价国家或地方课程质量、学校教学质量、教师教学质量以及学生学习质量的重要依据，为教育评价提供了科学的标准。

（4）具有权威性和严肃性。作为国家基础教育课程质量的主要标志，课程标准在课程管理、评价、督导与指导等方面发挥着重要作用，具有不可替代的权威性和严肃性。

2. 课程标准的完整框架

虽然世界各国的课程标准框架各不相同，但我国在充分借鉴国际经验和深入讨论的基础上，初步形成了一套尝试性的框架体系。这一框架包括：

（1）前言。结合课程特点，阐述课程改革的背景、课程性质、基本理念以及本标准的设计思路，为使用者提供清晰的导向。

（2）课程目标。根据国家教育方针和素质教育要求，从知识与技术、过程与方法、情感态度与价值观三个维度阐述课程的总体目标和学段目标，为学生全面发展提供明确的方向。

（3）内容标准。根据课程目标，结合具体课程内容，用清晰、具体的行为动词阐述学习目标，确保教学内容的针对性和实效性。

（4）实施建议。为确保课程标准的有效实施，提供包括教与学建议、评价建议、课程资源开发与利用建议以及教材编写建议等全面的实施指导，减少中间环节的"落差"。

（5）术语解释。对标准中出现的重要术语进行准确解释和说明，帮助使用者更好地理解和实施课程标准。

这一框架的全面性和实用性为课程标准的有效实施提供了有力保障。

（三）教材、教科书：课程内容的载体与工具

教材、教科书作为依据课程标准对学科内容进行系统阐述的文本，是课程内容的载体和工具，它们不仅承载着知识的传递，还引导着教学的方向和节奏。这些文本通常按照学年或学期进行分册，并划分为清晰的单元或章节，以便学生逐步学习和掌握。教科书的构成丰富多样，包括目录、正文、作业、图表与附录等，为学生提供了全面的学习资源和辅助材料。

除了教科书本身，还有一些辅助性的教学材料，如练习册、教学参考书、多媒体学习材料等，它们共同构成了课程资源的完整体系，旨在帮助学生更好地理解和掌握知识，达到课程标准所规定的课程目标。这些材料不仅丰富了教学内容，还提供了多样化的学习方式，满足了不同学生的学习需求。

教科书的作用至关重要。首先，它是教学内容的具体体现，为教师提供了教学的主要依据。教师备课、上课、布置作业等教学环节都离不开教科书的支持。其次，教科书是学生获得知识、进行学习的主要材料。学生通过阅读教科书，可以掌握教师讲授的内容，并进行预习、复习和做作业，从而巩固和深化所学知识。此外，教科书还根据课程计划对本学科的要求，分析了本学科的教学目标、内容范围和教学任务，为教师和学生提供了明确的学习方向和目标。

在教科书的编写过程中，编撰者必须遵循科学性和思想性相统一的原则，确保内容的准确性和思想性。同时，还要符合学生的心理发展规律及认

知特点，使教科书既美观又实用。这是一项既严肃又细致的工作，需要编撰者具备深厚的学科素养和教育经验。

四、影响课程发展的基本因素

课程的发展是一个复杂而多元的过程，受到众多因素的影响。为了深入理解课程发展，我们需要从外部因素和内部因素两个方面进行剖析。

（一）外部因素：社会环境、儿童发展与知识变迁的共同作用

1. 社会：课程发展的宏观背景

社会是课程发展的宏观背景，对课程产生着深远的影响。社会的性质决定着课程的性质，不同社会形态下的课程具有不同的特点和价值取向。同时，社会的要求和条件也决定着课程的方方面面，包括课程目标的制定、内容的选择、实施的安排等。例如，社会对创新精神人才的需求会推动学校教育目标的转变，进而影响课程的选编和实施。此外，社会的政治、经济、文化等各个方面都会对课程产生影响，共同塑造着课程的形态和内涵。

2. 儿童：课程发展的微观基础

儿童是课程实施的直接对象，其身心发展特点对课程产生着直接而深刻的影响。人们对儿童的不同认识会导致对课程的不同理解。例如，在古代社会，人们对儿童持有负面的看法，认为需要通过严格的管教来抑制其恶性，这导致了古代课程倾向于军事化教育和道德教化。而现代社会对儿童身心发展规律的认识更加深入，认为儿童成长具有阶段性特点，这促使课程内容的组织也呈现出阶段性的差别。因此，在设计课程时，我们必须充分考虑儿童的身心发展特点，确保课程与儿童的成长需求相契合。

3. 知识：课程发展的核心要素

知识是课程发展的核心要素，没有知识就没有课程。课程内容的选择和组织都是基于人类历史发展所积累的知识。随着知识的不断发展和更新，课程也需要不断地进行调整和更新。同时，人们对知识的不同认识也会造就对

课程的不同认识。例如，建构的知识观强调知识的动态性和生成性，这促使课程也更加注重学生的主动建构和探究；而后现代的知识观则强调知识的多元性和不确定性，这促使课程更加注重学生的批判性思维和创新能力。因此，在设计课程时，我们必须充分考虑知识的发展特点和人们对知识的不同认识，确保课程与知识的发展相协调。

（二）内部因素

课程发展是一个复杂而多维的过程，它受到来自课程系统内部和外部的多种因素的影响。在众多内部因素中，学制、课程传统和课程理论无疑是最主要、最基本的三个要素，它们以各自独特的方式深刻影响着课程的构建与演变。

1. 学制：课程构建的基石

学制，即学校教育制度，它规定了各级各类学校的系统设置，包括学校的类型、级别以及它们之间的组织和比例关系。虽然学制本身并不直接等同于课程的内容或结构，但它在课程规划与改革中的作用却不容忽视。学制为课程提供了基本的框架和边界，是课程改革必须遵循的"游戏规则"。通过对比古代与现代学制，我们可以清晰地看到学制对课程的直接影响。在古代，由于没有明确的中学阶段，课程设置自然也不包含中学课程；同样，古代没有年级制，课程设计时便无需考虑年级间的衔接与过渡。而现代学制则强调上下衔接、连贯一致，课程体系也相应地增强了整体性和系统性。因此，每一次学制的变革都会引发课程的相应调整，以确保学校教育活动的连贯性和统一性。学制作为课程发展的"硬约束"，其重要性不言而喻。

2. 课程传统：历史经验的积淀

课程传统，是指在课程发展过程中形成并延续下来的历史经验和文化积淀。这种传统不仅体现在课程的内容、形式和方法上，更体现在课程理念、价值追求和思维方式上。历史上的每一次课程改革都不是凭空产生的，而是在前一课程体制的基础上进行的调整和优化。课程传统为课程改革提供了丰富的历史资源和经验借鉴，使人们在面对新的课程挑战时能够有据可依、有章可循。同时，课程传统也具有一定的惯性和稳定性，它会对新的课程改革产生一定的阻力和挑战。因此，在课程改革过程中，既要尊重和利用课程传统，又要勇于突破和创新，实现传统与现代的有机融合。

3. 课程理论：实践指导的灯塔

课程理论是人们对课程现象、课程规律和课程实践进行深入研究的结果，它包括早期的课程思想、课程内容的选择与组织、课程性质的定义与阐述、课程编制的程序与方法、课程目标的设定与达成、课程组织与实施的策略与技巧以及课程评价的标准与方法等。课程理论直接指导着人们的课程实践，是课程改革和创新的理论基础。不同的课程理论所倡导的课程理念、价值追求和实践模式各不相同，这也导致了课程实践的多样化和丰富性。因此，在课程改革过程中，必须深入学习和研究课程理论，把握课程发展的基本规律和趋势，以科学理论指导课程实践。同时，也要不断推动课程理论的创新和发展，为课程改革提供更为强大的理论支撑和智力支持。只有这样，我们才能更好地服务于课程实践，推动课程事业的持续健康发展。

第二章　中小学课程开发与教学设计

第一节　课程开发概述

一、课程开发概念深度解析

"课程开发"（curriculum development）作为课程研究与实践中的核心概念，其内涵丰富且不断演进。它不仅仅是对课程内容的简单编排或制作，而是一个全面、深入且持续的过程，旨在使课程的功能与当前的文化背景、社会需求、科学进步以及人际关系紧密相连，从而培养出适应时代要求的全面发展的人才。

课程开发的历史可以追溯到"课程编制"或"课程编订"等早期概念，但随着教育理念和实践的不断深化，其内涵和外延已发生了显著变化。传统的"课程编制"更多地关注于技术层面，如对人生活动的分析、教育目标的设定、儿童身心发展特点的研究，以及教学科目的安排和各科教学时数的分配等。这些工作虽然重要，但往往过于机械和静态，缺乏对学生个体差异、社会需求变化以及教育环境动态性的充分考虑。

相比之下，课程开发则更加注重过程性和动态性。它认为课程是一个不断发展、完善和优化的过程，需要不断适应学生新的兴趣与需要，以及社会环境的不断变化。因此，课程开发不仅涉及目标、内容、活动、方法、资源及媒介、环境、评价等各个课程要素的确定与组合，还强调这些要素之间的交互作用，特别是课程决策过程中的互动和协商。这种互动和协商不仅涉及课程开发者之间的合作，还包括与学生、家长、社会等多元主体的沟通与协调。

此外，课程开发还关注课程问题的多元性和复杂性。它不仅关心课程开发的层面、机构、人员及其所代表的政治利益和教育价值，还关注课程实施过程中的实际问题，以及如何通过不断地反思和改进来提升课程的质量和效果。

二、课程开发的经典模式

1. 目标模式：明确导向下的课程构建

目标模式作为课程开发中的一种经典模式，其核心理念在于以明确、具体的目标为导向来设计和组织课程内容。这一模式认为，清晰、可测量的课程目标是课程开发的基础和前提，它们应能够准确反映学习者在学习结束后应达到的知识、技能和态度水平。

在目标模式下，课程内容的选择和组织紧密围绕这些预设的目标进行。开发者会仔细分析每个目标所对应的知识点和技能点，然后精心挑选和组织相关的教学材料，以确保学习者能够系统地掌握所需的知识和技能。同时，教学方法和评价手段也需与目标保持一致，以确保学习者能够有效地达到预定的学习目标。

然而，目标模式并非完美无缺。它可能过于强调目标的达成，而忽视了学习者的个体差异和兴趣需求，导致课程内容的单一化和刻板化。此外，过于具体和量化的目标也可能限制学习者的创新思维和问题解决能力的发展，使他们在面对复杂多变的问题时显得力不从心。因此，在实际应用中，我们需要对目标模式进行适度的调整和优化，以更好地满足学习者的多元需求和发展要求。

2. 过程模式：动态构建知识与技能的旅程

过程模式，作为一种注重学习者在课程开发中的参与和体验的模式，它颠覆了传统课程仅作为预设目标和任务集合的观念。在这一模式下，课程被视为一个充满活力、不断演进的过程，学习者是这个过程的中心，他们通过亲身参与和深度体验，主动构建个人的知识和技能体系。

在过程模式的引领下，课程内容的选定与组织展现出前所未有的灵活性和多样性。教师不再拘泥于固定的教材或大纲，而是依据学习者的兴趣、需求以及当下的实际情况，灵活调整课程内容，确保每位学习者都能在这一过程中获得个性化的成长和积极的体验。同时，该模式高度重视学习者的自主学习和合作学习能力，鼓励他们通过主动探索、小组讨论和实践操作，深化对知识的理解，提升对技能的掌握。

3. 实践模式：连接知识与现实的桥梁

实践模式则是一种将课程与现实生活、社会实践紧密相连的课程开发模式。它强调课程应紧密贴合学习者的实际需求和社会的发展脉搏，通过一系列实践活动，锤炼学习者的实践能力和创新思维。

在实践模式的框架下，课程内容紧密围绕实践活动展开，学习者通过亲身参与各类实践活动，如社会调研、项目制作、志愿服务等，不仅掌握了知识和技能，更在实践中不断反思、修正自己的学习方法和行为模式。此外，该模式还倡导跨学科学习和综合能力的培养，鼓励学习者将所学知识融会贯通，应用于解决实际问题的过程中。

综上所述，目标模式、过程模式和实践模式各有千秋，它们各自拥有独特的优势和价值，同时也面临着一定的挑战和局限。在课程开发的实践中，我们应根据具体的情境和需求，灵活选择或融合多种模式，以构建出更加高效、系统且富有创新性的课程体系。

三、课程开发的层次与类型

（一）课程开发的层次：构建课程体系的基石

课程开发是一个多层次、多维度的过程，根据其所承担的任务和产生的结果，可以大致划分为宏观、中观和微观三个层次。这三个层次相互关联、层层递进，共同构成了课程开发的完整框架。

1. 宏观层次：奠定课程理念与方向

宏观层次的课程开发，主要聚焦于课程的基本理念问题，如课程的价值取向、目的设定、主要任务以及基本结构等。这一层次的工作，旨在为整个课程体系奠定坚实的理论基础和明确的方向指引。无论是基于学科的课程开发，还是基于系统的课程构建，这些问题都是必须首先明确和回答的。

宏观层次课程开发的结果，主要体现在一系列基本政策上，包括课程的宗旨、性质、目标以及选择课程内容的指导原则等。这些政策通常以官方文件的形式发布，由中央政府、地方政府或学区制定，对学校的课程权力、要求等进行规范或鼓励。这些文件不仅为整个课程系统提供了政策保障，也为后续的课程标准制定指明了方向。一线教师虽然可能不直接参与这一层次的课程开发，但其教学实践和反馈往往能为宏观政策的制定提供有价值的参考。

2. 中观层次：细化课程标准与指南

中观层次的课程开发，工作重点转向了课程标准的开发。这一层次的开发主体可以是国家、地方、学区或学校，具体取决于不同国家的教育行政体制。在中央集权制的国家，国家通常是课程开发的主导者，而地方、学区和学校则可能在一定程度上参与或遵循国家制定的课程标准。

中观层次课程开发的结果，主要是形成一系列具体的课程标准或课程指南。这些标准或指南详细规定了必修、选修学科的范围，各学科的时间分配，以及要求的标准、具体目标、学习内容、评价方式等。同时，还可能包括学校教育质量、教师教学质量管理的程序等内容。如果由地方或学区牵头进行课程开发，它们可能会提供一个更为灵活的课程指南或课程包，供学校根据自身情况进行选择和组合。

在中观层次的课程开发中，不同国家的课程标准在风格和形式上可能存在显著差异。例如，我国的教学大纲曾以详细罗列知识体系为主要任务，而西方国家则更注重学生需要达到的内容标准和成就标准。随着教育改革的深入，我国也开始重视课程标准的制定和完善，逐渐将内容标准作为课程标准的重点，以适应 21 世纪教育发展的需要。

3. 微观层次：课程实施的细化与创新

在课程开发的微观层次上，教师成为了课程再设计与创新的关键角色。尽管课程计划和课程标准已经提供了宏观的指导和框架，但在实际的教学情境中，教师需要根据学生的个体差异、教学情境的变化以及自身的教学风格，对课程内容进行灵活的调整和再设计。这一过程不仅体现了教师的专业自主性和创造力，也是课程从理论走向实践、从抽象走向具体的关键环节。

教师需要深入研读课程计划和课程标准，理解其背后的教育理念和教学目标，然后结合学生的实际情况，如知识基础、学习兴趣、认知能力等，制定出切实可行的课时计划。这份课时计划不仅要明确课时目标，还要详细规划学习内容、学生的活动方式、教学方法以及评价形式，确保教学活动的针对性和有效性。

在微观层次的课程开发中，教师的课时计划成为了宏观课程政策、中观课程标准与具体教学实践之间的桥梁。通过教师的再设计和创新，宏观的课程理念和政策得以在课堂上落地生根，转化为生动、具体的教学活动，从而促进学生全面发展。同时，这一过程也促进了教师对课程的深入理解和领悟，使其能够更好地将课程理念融入教学实践，实现课程的真正价值。

（二）课程开发的类型：多元主体与多元需求

课程开发从开发主体的角度来看，可以划分为国家课程开发、地方课程开发和学校课程开发三大类型，每种类型都承载着不同的教育理念和价值追求，共同构成了我国课程开发的多元体系。

1. 国家课程开发：统一性与基础性

在国家层次的课程开发中，政府机构发挥着至关重要的作用。它们负责制定课程政策和计划，为整个教育系统或特定地区、学校提供统一的课程框架和标准。国家课程开发具有权威性和强制性，是学校教学的基础和出发点。

它旨在确保基础教育阶段的学生能够掌握必要的知识和技能，形成基本的文化素养和道德观念。国家课程开发的范围广泛，包括培养目标、课程领域、核心课程及其标准等，为学校的课程实施提供了明确的指导和依据。

2. 地方课程开发：针对性与地方特色

地方课程开发则更加注重满足地方或社区发展的实际需要，培养学生的社会责任感和参与社会生活的能力。地方教育行政部门根据当地的政治、经济、文化等特色，制定适合本地区的课程方案和教学指导书。地方课程开发的目的是加强教育与地方社会的联系，使学生能够更好地了解社区、接触社会、关注社会，并学会对社会负责。这一过程不仅有助于克服课程脱离社会的弊端，还能促进地方文化的传承和发展。

3. 学校课程开发：自主性与个性化

学校课程开发，即校本课程开发，是学校根据自身办学思想和教育教学实际自主进行的课程创新。它是国家课程开发和地方课程开发的重要补充，旨在凸显学校的办学特色和满足学生的个性化需求。在校本课程开发中，校长、教师、课程专家、学生以及家长和社区人士共同参与课程计划的制订、实施和评价活动，形成了一个多元、开放、民主的课程开发机制。这一过程不仅有助于激发教师的工作积极性和创造力，还能促进学生全面发展和社会适应能力的提升。同时，校本课程开发也促进了学校与社区、家长之间的紧密联系和合作，共同为学生的成长和发展创造更加优越的环境和条件。

第二节　校本课程及其开发

一、校本课程的含义

学者们对于"校本课程"这一概念的内涵界定，主要沿着两条清晰的思路进行深入探讨。一方面，部分学者直接而明确地提出"校本课程是什么"，对其概念的内涵与外延进行了详尽的阐述与界定。例如，在《走向"校本"》一文中，鲜明地指出校本应具备的三重含义：为了学校、在学校中、基于学校。这不仅强调了校本课程需以解决学校实际问题为导向，还突出了学校在课程开发中的主体地位，以及课程应紧密贴合学校实际的重要性。从这一角度出发，校本课程被视作学校根据自身教育理念，在全面评估学生需求的基础上，充分利用社区与学校资源，通过自主研发或合作开发等方式，打造出的多样化、可选择的课程体系。

另一方面，也有学者选择从辨析校本课程与相关概念（如国家课程、地方课程）的异同及相互关系入手，来界定其概念内涵。在这一思路下，校本课程被视为课程管理行政主体变化与权力再分配的结果，是对国家课程与地方课程的重要补充。它旨在发挥学校自身优势，满足特殊需求，体现了课程开发的灵活性与多样性。

鉴于人们对校本课程概念理解的多样性，有学者进一步将其区分为广义与狭义两种。广义的校本课程涵盖了学校实施的所有课程，无论是国家课程、地方课程还是学校自主开发的课程，都纳入其中。这种界定方式强调了课程在实施过程中的"校本化"过程，即任何课程在进入学校后都会经历一定程度的适应与调整。然而，由于广义的校本课程概念过于宽泛，国内大部分研究更倾向于采用狭义的校本课程概念。狭义的校本课程特指学校在有效实施国家课程与地方课程的基础上，自主开发的、具有鲜明学校特色的课程。这些课程由学校的领导、教师、学生及课程专家、家长等共同参与开发，旨在满足学生的个性化需求，促进学校的特色发展。狭义的校本课程作为基础教育课程体系的重要组成部分，与国家课程、地方课程相互补充，共同构成了完整的基础教育课程体系。

二、校本课程的特征

特征就是可以作为人或事物特点的象征、标志。在我国，校本课程作为与国家课程、地方课程相对应的课程形态，其自身具有以下特征。

1. 校本课程的实践性：根植于学校土壤的生动实践

校本课程，从其诞生之日起，便承载着弥补国家课程不足、贴近学校实际的使命。国家课程虽具有全局性、统一性和基础性的优势，但在具体实施中，往往因过于注重理论而忽略了学校的个性化需求和课程实践的具体情境。校本课程则以其鲜明的实践性特征，成为学校课程改革的重要力量。它以学校为基地，以教师和其他学校成员为主体，紧密围绕学校课程实践和学生学习的现实问题展开。在校本课程的开发与实施过程中，学校不仅拥有对课程内容的自主选择权，还能根据学校的实际情况和学生的学习需求进行灵活调整。这种以实践为导向的课程开发模式，确保了校本课程能够真正落地生根，解决学校课程中的实际问题，提升学生的学习效果。

2. 校本课程的多样性：满足个性化需求的课程盛宴

校本课程的开发，是站在学校的立场上，充分考虑学校类型、物质条件、师资力量等多元因素的结果。在我国，由于社会和经济条件的差异，学校之间存在着显著的多样性和差异性。这种多样性为校本课程的开发提供了广阔的空间和无限的可能，每所学校都可以根据自己的实际情况和学生需求，开发出独具特色的校本课程。这些课程不仅体现了学校的办学理念和特色，更满足了学生个性化的学习需求。在校本课程的价值取向上，它更加关注学生的个体差异和个性发展，致力于为学生提供多样化的学习选择和成长路径。这种多样化的课程形态，不仅丰富了学校的课程体系，也为学生提供了更加广阔的学习天地和成长空间。

3. 校本课程的动态性：与时代同行，灵活应变

在校本课程的管理体系中，它处于最贴近基层的位置，这使得校本课程相比于国家课程和地方课程，具有更大的开发自由度和灵活性。学校可以根据校本课程实施的实际效果和学校情况的变化，及时对课程进行调整或改进，无需经过复杂的申请和审批流程。这种动态性的特征，使得校本课程能够迅速适应时代的变化和学生的学习需求，保持课程的活力和生命力。随着信息化时代的到来，社会和人们的生活节奏日益加快，教育也需要与时俱进。

校本课程以其动态性的优势，成为连接教育与生活、学校与社会的桥梁。它强调知识学习与整体生活经验的融通，注重在实际生活中学习和运用知识与技能，使教育更加贴近学生的生活实际和未来发展需求。这种动态性的课程形态，不仅顺应了时代潮流的变化，也为学生的全面发展提供了有力的支持。

三、校本课程的开发

（一）对校本课程开发内涵的不同理解：多元视角下的教育创新

校本课程开发，作为教育领域一个充满活力与挑战的议题，其内涵深远且多元，触及课程设计的每一个环节，从目标的明确到内容的甄选，再到组织形式的创新与评价体系的构建，无一不体现其复杂性和重要性。由于教育理念、学校定位、教育环境以及社会文化背景的多样性，人们对于校本课程开发的内涵形成了各具特色的理解。

1. 基于学校特色的理解

这一视角强调，校本课程开发应深深植根于学校的独特文化与教育理念之中，成为展现学校风貌、传承历史传统、弘扬地域文化的重要平台。学校应充分挖掘并利用自身独有的教育资源，如悠久的历史积淀、丰富的地域特色、独特的课程设置等，构建一套既符合国家教育要求又彰显学校特色的课程体系。这种理解将校本课程开发视为学校品牌建设的关键环节，旨在通过特色课程的打造，提升学校的知名度和竞争力。

2. 基于学生需求的理解

此视角则更加关注学生的个体差异与多元化需求，认为校本课程的开发应以学生为中心，紧密围绕学生的兴趣爱好、学习需求和生活经验展开。学校需通过问卷调查、深度访谈等多种方式，深入了解学生的真实需求，并据此设计课程内容、选择教学方法和评价方式，以提供更为个性化、灵活多样的学习体验。这种理解强调校本课程在促进学生全面发展、激发学生潜能、培养学生创新精神方面的重要作用。

3. 基于教师专业发展的理解

从教师专业成长的角度出发，校本课程开发被视为提升教师素养、促进教师专业发展的重要途径。在这一过程中，教师不仅参与课程的设计与实施，还参与到课程评价的全链条中，这要求他们不断学习新的教育理念、课程设计原理及教学方法，从而在实践中不断反思、成长。因此，校本课程开发不仅是学校课程建设的需要，也是教师队伍建设和教育质量提升的关键。

4. 基于教育改革的理解

还有一种观点从教育改革的高度审视校本课程开发，认为它是推动教育创新、提升教育质量的重要力量。通过借鉴国内外先进的教育理念和实践经验，结合学校自身的实际情况，校本课程开发能够成为教育改革的试验田和突破口。这种理解强调校本课程在促进教育现代化、国际化以及培养未来社会所需人才方面的重要作用。

综上所述，对校本课程开发内涵的不同理解，体现了教育理念、学校特色、学生需求以及教育改革等多重因素的交织与影响。在实际操作中，学校应综合考虑这些因素，根据自身实际情况和需求，选择最适合的校本课程开发路径和策略，以构建既具有学校特色又能满足学生需求、促进教师专业发展、推动教育改革的课程体系。

（二）校本课程开发模式：多维度考量下的实践探索

在校本课程开发的过程中，形成了多种行之有效的开发模式，其中需求主导模式、条件主导模式和目标主导模式是最为常见的三种。

1. 需求主导模式

这一模式强调以学生为中心，充分考虑学生的兴趣爱好、心理需求和发展需求，将其作为课程开发的核心依据。通过深入调研和细致分析，学校能够准确把握学生的真实需求，并据此设计课程内容、选择教学方法和评价方式，以提供更为贴近学生实际、满足其个性化需求的校本课程。这种模式体现了人本主义的教育理念，注重学生的主体性和参与性。

2. 条件主导模式

条件主导模式则更加注重学校自身的条件和资源，尤其是师资条件和特色资源。在校本课程开发过程中，学校需全面评估自身的物质条件、师资力量、课程资源等，并据此确定课程开发的方向和重点。这种模式强调校本课程的可行性和实效性，注重在现有条件下进行创新和优化，以实现课程开发的最大化效益。

3. 目标主导模式

目标主导模式则更多地从学校整体发展的角度出发，考虑校本课程对于学校特色发展、教育质量提升以及学生综合素质培养等方面的影响和作用。学校需明确校本课程的目标定位和发展方向，并据此进行课程设计和实施。这种模式体现了学校发展的战略性和前瞻性，注重通过校本课程开发来推动学校的整体发展和特色建设。

当然，在实际操作中，这三种模式并非孤立存在，而是相互融合、相互补充的。学校应根据自身实际情况和需求，综合考虑学生需求、学校条件以及发展目标等多个因素，选择最适合的校本课程开发模式或组合模式，以形成既具有学校特色又能满足学生需求、促进学校发展的课程体系。

第三节　教学设计的基本内容

一、教学模式及其设计

（一）教学模式的深刻内涵与重要性

教学模式，作为教育领域中的核心理念，是教学活动结构化、程序化的集中体现。它不仅是教育者依据特定教学理论或思想，为达成既定教学目标而精心设计的稳定教学活动框架，更是连接教学理论与实际操作、引导教学进程、提升教学质量的关键纽带。教学模式不仅涵盖了教学活动的具体步骤、师生间的互动模式、信息反馈的即时机制，还包含了为实现教学目标所提供的全方位支持系统。

自 20 世纪 80 年代起，我国教育界对教学模式的深入探索与研究成果丰硕。其中，教学结构说强调教学模式是教学思想的具象化表达，是教学过程的典型化、稳定化呈现；教学方法说则视教学模式为单一或多种教学方法的有机整合；教学过程说则认为教学模式是遵循教学规律、体现教学思想的教学程序与实施策略体系。综上所述，教学模式是指基于特定教学理论逻辑，服务于明确教学目标，由教学活动步骤、师生交往体系、反馈机制及支持系统构成的稳定结构。它助力教师科学规划课程、精选教学材料、采用高效组织形式，从而精准指导课堂教学，圆满完成教学任务。

（二）教学模式设计的核心要点与实践策略

教学模式设计的精髓在于其流程化的教学程序，它将教学程序、方法、手段及组织形式紧密融合，将抽象理论转化为可操作的具体流程，确保教师清晰知晓教学"何为"与"如何为"。在设计教学模式时，需重点把握以下两大核心要素：

首先，确保结构的完整性。一个健全的教学模式应包含六大基本要素：一是教学思想，即教学模式的理论根基，如李吉林的情境教学便植根于情境学习理论；二是教学目标，明确教学模式所指向的具体教学成果，如探究式教学模式旨在培育学生的创新思维；三是操作程序，即教学模式实施的时间顺序或逻辑步骤，确保其可实施性；四是师生组合，反映教与学的互动关系，不同的组合方式塑造不同的教学模式；五是条件，指教学模式运行所必需的基础条件，如发现学习模式要求教师具备探索精神与探究能力；六是评价，即教学模式成效的评估标准与方法。

其次，强调可操作性与简约性。教学模式绝非空洞的理论推演，而是具备明确操作程序的方法性原则。其本质特征在于易于理解、把握与应用，使教师能够直接将其应用于教学实践。同时，教学模式还具备模式的共有特性——简约性。在表述上，它运用精炼的语言或符号概括出构成要素间的复杂关联与过程，勾勒出教学模式的大致轮廓。教学模式在形成过程中省略了诸多细节，只凸显核心与本质，从而既便于教师掌握，又便于学术交流与分享。

（三）国内外主要的教学模式

国外教学模式的发展与创新空前活跃，出现了学派林立的局面。在此，我们仅对至今仍在各国教育中发挥重要影响力的教学模式加以介绍。

1. 概念获取的教学模式：深化理解，促进思维发展

自 20 世纪 60 年代起，随着全球教育改革的浪潮，概念学习成为了教育理论界关注的焦点。特别是在美国，"学术改革运动"的推动使得课程和教材更加聚焦于学科的核心概念，从而催生了一系列旨在促进学生概念形成的教学模式。这些模式不仅关注学生对概念掌握的最终结果，更重视引导学生探索自己的思考过程，掌握有效的思维策略。

布鲁纳的概念获取教学模式便是其中的佼佼者，其基本结构包含四个循序渐进的阶段：

第一阶段：概念引入。教师首先明确所要学习的概念名称，为学生构建起初步的认知框架。

第二阶段：资料呈现与初步判断。教师提供多样化的学习材料，如图片、实物、案例等，要求学生独立判断这些材料是否与所学概念相符，以此激发学生的探究兴趣和初步理解。

第三阶段：反馈、分析与错误纠正。对于学生的判断，教师不急于给出直接答案，而是通过提问引导学生自我反思，分析错误原因，逐步提炼出概念的关键特征。

第四阶段：规则明确与概念界定。在充分讨论和分析的基础上，教师总结归纳，帮助学生形成对概念清晰、准确的界定。

此外，该模式还强调：① 师生关系的松散交往。教师需精心准备，选择

适合学生思维水平的概念，灵活安排教学材料，同时在课堂上扮演引导者和支持者的角色。② 和谐的反馈环境。鼓励学生自由表达，尊重每一种观点，通过积极的反馈机制促进学生的积极参与和深入思考。③ 规范的支持系统。教师应精心设计教学流程，确保资料与概念之间的逻辑关联，为学生提供清晰、有序的学习路径。

2. 设计教学模式：实践与创新的结合

克伯屈深受其师杜威"从做中学"理论的影响，创立了设计教学模式。这一模式强调通过师生共同参与活动的设计与执行，让学生在实践中学习，按照其身心发展特点编排教材。

其基本步骤包括：① 激发设计动机。教师利用学生已有的知识和经验，激发他们对新知识的兴趣和探索欲望。② 确定学习目标与内容。通过师生讨论，共同明确学习的方向和内容，确保教学活动有的放矢。③ 制订学习计划。鼓励学生根据自己的学习目标，制定个性化的行动计划，培养自我管理和规划能力。④ 执行学习计划。学生在教师的指导下，自主实施计划，通过实践深化理解，教师则提供必要的支持和指导。⑤ 评价、试验与修改计划。通过实践反馈，对计划进行客观评价，鼓励学生提出改进建议，形成持续改进的良性循环。该模式对教师提出了高要求，包括深厚的教育理论功底、出色的组织能力以及灵活的应变能力，以确保教学活动的有效性和创新性。

3. 探究型教学模式：培养科学素养与创新能力

探究型教学模式旨在通过学生的主动探究，促进其认知结构的自我建构，培养其科学探究的精神和技能。

其核心环节包括：① 问题提出。教师引导学生提出具有探究价值的问题，这些问题应能激发学生的好奇心和求知欲，为后续的探究活动奠定基础。② 假设创设。鼓励学生基于已有知识和经验，对问题进行大胆猜测和假设，培养其想象力和逻辑推理能力。③ 制定探究计划。在假设的基础上，学生制定详细的探究计划，明确探究的目标、步骤和方法。④ 实验验证。作为探究活动的核心，学生亲手进行实验，验证自己的假设，体验科学探究的过程和乐趣。⑤ 信息处理与结论得出。教师指导学生对实验数据进行整理、分析，提炼出科学结论，培养其数据处理和批判性思维能力。整个探究过程中，学生处于学习的中心地位，通过亲身体验和探究实践，不仅掌握了科学知识，更重要的是培养了科学探究的素养和创新能力。

4. 智能训练教学模式

作为一种旨在提升学生智能水平的认知教学策略，智能训练教学模式深受皮亚杰认知理论的影响。其结构特征鲜明，主要体现在以下几个方面：

首先，教学步骤遵循三段论原则。在第一阶段，教师精心设计问题，确保问题的本质与形式既符合学生当前的智能发展阶段，又具有一定的新颖性，以激发学生的探究兴趣。第二阶段，教师鼓励学生自由回答，营造宽松、开放的课堂氛围，让学生在无压力的环境中充分表达。第三阶段，通过迁移练习，教师提出类似问题，引导学生运用之前获得的推理方式，从而巩固和深化学习成果。

其次，师生关系以教师控制为主导。在这种模式下，教师扮演着引导者和控制者的角色，负责整个教学过程的规划和实施，而学生则更多地处于接受和回应的状态。

再次，师生互动采用反馈式交流。教师不断通过反向暗示来检验学生的推理过程，无论学生的回答正确与否，都要求其阐述理由，甚至提供实例支持，以此促进学生的深度思考和批判性思维的发展。

最后，支持系统依赖于反向暗示。教师需要深入了解学生的身心发展规律，设计出一套既符合学生特点又富有挑战性的问题和任务，以及相应的反向暗示，以帮助学生在解决问题的过程中不断提升智能水平。

5. "传授—接受"教学模式

"传授—接受"教学模式源自德国赫尔巴特的四段教学法，其核心在于以教师为中心，系统地传授知识和技能，学生则负责接受和内化这些知识。该模式的优势在于能够在短时间内向学生传授大量的科学知识和技能，简化了认知过程，提高了教学效率。然而，其缺点也同样明显：过于强调教师的讲授和学生的被动接受，忽视了学生学习的主动性和积极性，可能导致学生的学习兴趣下降，创新思维和问题解决能力得不到充分发展。

6. 情境教学模式

情境教学模式以体验为中心，通过创设贴近生活的真实情境，让学生在轻松愉快的氛围中学习知识和技能，同时促进智力和情感的全面发展。在这种模式下，教师的教学语言应源于社会情境，通过对话实现师生间的广泛交流。情境教学模式的基本环节包括创设真实情境、亲历体验、引导反思和总结提升，旨在让学生在实践中学习，在学习中成长。

7. 协同教学模式

协同教学模式强调教师间的协同合作，在教学全过程中保持持续性和连续性。从狭义上看，它要求教师在课程计划、实施、评价和反思等各个环节都保持紧密合作；从广义上讲，则至少要在课程计划和实施两个环节上体现合作。

协同教学模式在实践中衍生出了多种实践模式，如经典模式、配合模式、平行模式和嘉宾模式等。在经典模式中，教师团队共同确定教学内容、设计教学过程并承担教学责任，全程参与课堂教学。配合模式则允许教师在教学实施中轮流呈现教学材料，其他教师辅助教学。平行模式则是教师分组对同一班级的不同小组进行教学，然后交换检查并反馈。嘉宾模式则是由一位教师主导教学，定期邀请专家参与教学内容呈现。

这些协同教学模式不仅适用于同一年级或学科的教师合作，还可以拓展到跨年级和跨学科的合作中，形成更加多元化、开放性的教学体系。通过协同教学，教师可以共享资源、相互学习、共同提升教学质量和效果。

二、教学方法及其选择

（一）教学方法概念界定

教学方法，作为教育活动中教师引导学生掌握知识技能、促进身心发展的核心途径与手段，其内涵丰富且多元。它不仅涵盖了教师如何教授知识，也涉及了学生如何学习知识，是教与学双方互动与融合的体现。良好的教学方法应当紧密围绕教学目标，充分考虑学生的认知特点和学习需求，通过科学合理的教法与学法结合，激发学生的学习兴趣，提升教学效果。

随着教育改革的深入、教学手段的不断创新以及教学理论的持续发展，教学方法也在不断地演变与更新。这些变化不仅体现在教学方法的外部表现形式上，更在于其内在的教学理念、教学目标和教学策略的革新。教学方法的划分通常依据其教学活动中的外部表现，如讲授法通过讲解传授知识，实际训练法通过实验和实习作业培养学生的实践能力。

在实际教学过程中，为了确保教学任务的顺利完成，教学方法的选择与运用显得尤为重要。这不仅要考虑教学方法本身的适用性，还要关注教学方式与教学方法的搭配使用。教学方式作为教学方法的具体实施细节，虽不能独立承担教学任务，但其灵活运用却能极大地丰富教学方法，提高教学效果。例如，在讨论法中，教师可以采用提问、学生自由发问等多种方式进行，以适应不同学科和教师的教学需求。同时，同一种教学方式也可以在不同的教学方法中得以运用，展现出其广泛的适应性和灵活性。

教学方法的搭配使用，则是在长期教学实践中形成的一种稳定且有效的教学活动模式。如探究—发现教学与传授—接受教学的结合，既注重了学生的主动探索，又保证了知识的系统传授。这种搭配使用不仅体现了教学方法的多样性，也彰显了教学理念的包容性与创新性。它推动了教学方法的不断发展与完善，为教学质量的提升提供了有力支撑。

需要强调的是，教学方法并不等同于学科教学法。学科教学法是一个更为宽泛的概念，它涵盖了该学科的教学过程、教学原则、教学内容、教学方法和教学组织形式等多个方面。而教学方法则是学科教学法体系中的一个重要组成部分，是实现教学目标、提高教学质量的关键手段。

（二）教学方法的分类与选择策略

在漫长的教学历史中，随着学科专业的不断细分、教学内容的日益丰富以及教学对象的多样化，教学方法也呈现出极其丰富的多样性。这些教学方法各有千秋，无绝对的好坏之分，只有适合与否的差异。

为了更好地选择和运用教学方法，我们有必要对教学方法进行科学合理的分类。根据不同的分类标准，我们可以构建出不同序列的教学方法体系。例如，根据教学任务的不同，我们可以将教学方法分为获取知识的方法、形成技能技巧的方法、创造性活动的方法以及巩固与检查知识和技能的方法等。这种分类有助于我们明确教学目标，选择恰当的教学方法以达成预期的教学效果。

首先，我们还可以根据信息接收与表达的两种形态对教学方法进行分类。一类是通过听、看、读等接收活动，让学生获取外界信息的方法，如听讲法、观察法等；另一类是通过讲、写、用等表达活动，指导学生传递和展示信息的方法，如讨论法、演讲法、实验法等。这种分类有助于我们理解教学方法在信息传递过程中的作用，从而更好地利用教学方法促进学生的学习和发展。

其次，根据掌握知识和技能的特点，我们还可以将教学方法分为讲解图解法、复述法、讲述法、模拟法和启发法等。这种分类方式有助于我们深入了解不同教学方法在知识传授和技能培养方面的优势和特点，从而根据教学内容和学生的实际情况选择最适合的教学方法。

最后，根据认识活动的形态，我们可以将教学方法分为以语言表达为主的教学方法、以直接观察为主的教学方法和以实际操作为主的教学方法等。这种分类方式则强调了教学方法在促进学生认知发展方面的作用，有助于我们根据学生的认知特点和教学内容的需求选择恰当的教学方法，以激发学生的学习兴趣和提高教学效果。

（三）中小学常用的教学方法

1. 以语言表达为主的教学方法：深化理解，促进思维交流

这类教学方法，如讲授法、谈话法、讨论法和教师指导法，是教育过程

中不可或缺的重要手段。在此，我们将重点探讨讲授法和谈话法。

（1）讲授法：知识的系统传递与思维启发。讲授法，作为教师以口头语言为主要工具，向学生传授知识、解析难题、阐述规律的方法，是语言表达类教学方法中应用最为广泛的一种。它不仅能够独立运用，还常常与其他教学方法相辅相成，共同构建高效的教学体系。

讲授法的显著特点在于其信息量大、运用广泛且能有效发挥教师的主导作用。在课堂上，教师通过生动的描述、严谨的解析、巧妙的设疑与解疑，使学生在短时间内获取大量系统的科学知识和技能。无论学科领域如何，无论是课内还是课外教学，讲授法都能发挥其独特的优势。同时，它也为教师提供了传授知识与技能、培养学生能力、激发兴趣、教授方法、启发思考等多重教学目标的实现途径。

然而，讲授法也存在一定的局限性，如学生缺乏直接实践机会，教学信息反馈不及时，可能挫伤学生的学习积极性，且容易忽视学生的个体差异。因此，教师在运用讲授法时，需注重形式的多样性和灵活性，如通过讲述、讲解、讲演和讲读等多种方式，结合具体教学内容和学生特点，进行有针对性的教学。讲述即以形象生动的语言描绘知识，注重逻辑清晰、结构严谨，同时富有吸引力和感染力，引导学生进入知识的世界。讲解是通过理性的语言，向学生深入剖析概念、原理、规律和特征，要求逻辑严密、事实清楚、重点突出，确保学生能够从具体到抽象、从感性到理性地理解知识。讲演以翔实的材料、严密的逻辑和精湛的语言，系统地阐述原理、论证问题、归纳总结，提升学生的认知水平和思维能力。讲读则通过指定的朗读方式，将所学知识以声音的形式呈现，与讲解相结合，使学生在听觉和视觉的双重刺激下，更深入地理解和掌握知识。

（2）谈话法：思维碰撞，激发潜能。谈话法，即通过师生间的相互交谈或问答形式进行教学，是引导学生基于已有知识和经验，在独立思考中获取知识、提升能力的重要方法。它分为问答式和交谈式两种形式，以其独特的优势在教学中发挥着重要作用。

谈话法的优点在于能够活跃课堂气氛，集中学生的注意力，启发他们的思维，培养其思考力和语言表达能力。同时，教师还能通过谈话直接了解学生的学习情况，及时检验教学效果，为后续教学提供有力依据。在谈话教学法中，学生获得的知识不是由教师直接灌输的，而是通过教师的引导，学生自主思考、探索得出的。

然而，谈话法也存在一定的局限性，如谈话过程中可能因次要问题占用过多时间，影响教学任务的顺利完成。因此，教师在运用谈话法时，需做好充分准备，设计好谈话主题和提纲，确保问题具有启发性。同时，在谈话过程中要面向全体学生，给予他们足够的思考时间，并在谈话结束后对学生的学习情况进行总结和评价。

2. 以直接观察为主的教学方法：直观感知，深化理解

以直接观察为主的教学方法，如演示法、参观法等，是教师在教学过程中通过展示直观教具、具体实物或组织学生参观等方式，使学生对所学知识形成初步认识的重要方法。这类方法以其形象、具体、直接和真实的特点，在教学中发挥着不可替代的作用。

演示法作为其中的代表，是指教师通过选取适当的实物或教具进行示范性实验，向学生说明和印证所学知识的方法。它通常作为讲授法、谈话法的辅助手段，广泛运用于各学科的教学中。随着自然科学和现代技术的飞速发展，演示手段和种类也日益丰富多样。根据演示材料的不同，演示法可分为实物、标本、模型的演示，图片、照片、图画、图表、地图的演示，以及幻灯、录像、录音、教学电影等多媒体演示。这些演示手段能够为学生提供生动形象的感性材料，帮助他们形成正确的概念，理解和巩固所学知识，提高观察、记忆和思维能力，减少学习困难。

演示法按教学要求可分为两类：一类是演示单个物体或现象，使学生对其有直观的认识；另一类是演示事物变化发展过程，帮助学生理解事物的动态变化。同时，根据演示的内容和要求不同，演示法还可分为事物现象的演示和以形象化手段呈现事物内部情况及变化过程的演示。

教师在运用演示法时，需根据所学内容确定演示目的，选好演示教具，做好演示准备。在演示过程中，要充分利用学生的多种感官，如听觉、视觉、触觉、嗅觉等，引导他们注意观察演示的主要特征和重要过程。同时，还需配合讲解、练习等教学方法，师生共同分析、比较，作出最终的演示结论，以确保演示法的有效运用和教学效果的达成。

3. 以实际操作为主的教学方法：亲身实践，培养能力和习惯

以实际操作为主的教学方法，其核心在于通过学生的亲身实践来培养他们的技能、行为习惯以及运用知识解决实际问题的能力。这种方法不仅强调知识的应用，更注重能力的培养和习惯的养成。接下来，我们将对练习法和实验法这两种以实际操作为主的教学方法进行详尽的介绍。

（1）练习法。作为巩固所学知识和技能的重要手段，练习法即在教师的精心指导下，学生通过反复实践来加深理解和记忆。其特点鲜明且多样：① 实践活动的核心地位。练习法以实践活动为基石，通过动手做来强化知识掌握，促进智能发展和技能形成。同时，它还有助于培养学生严谨的学习态度和良好的学习习惯。② 广泛的适应性和应用性。无论是基本技能的培养还是基础知识的巩固，练习法都发挥着不可替代的作用。它强调手脑并用，是提升学生智力技能和动作技能的有效途径。③ 丰富的内容和多样的形式。练习法的内容涵盖广泛，从地理习题解答到模型制作，无所不包。其形式也灵活多变，问答、作业、实践操作等均可根据教学需求灵活运用。④ 理论与实践的紧密结合。通过练习，学生能够将理论知识转化为实际操作技能，实现知识的综合运用和能力的提升。

在实施练习法时，需遵循以下基本要求：① 明确目标，激发兴趣。教师应清晰阐述练习的目的和意义，让学生了解练习的重要性和必要性，从而激发他们的参与热情。② 示范引领，反复训练。教师应通过示范展示正确的操作方法，引导学生在实践中不断摸索和修正，直至熟练掌握。③ 灵活设计，有效指导。无论是问答、作业还是实践操作，教师都应精心设计练习内容，确保既符合教学要求又能激发学生的学习兴趣。同时，教师还应及时给予反

馈和指导，帮助学生纠正错误，提升技能。

（2）实验法。作为一种通过实验操作来探究事物本质和规律的教学方法，实验法对于培养学生的实验能力、观察能力和思维能力具有不可替代的作用。它主要分为感知性实验和验证性实验两种类型：感知性实验旨在为学生学习新知识提供直观的感性认识，帮助他们更好地理解和掌握新知识。验证性实验则是在学习新知识后进行的，旨在通过实验操作来检验所学原理的正确性，进一步巩固所学知识。

在实施实验法时，教师应遵循以下基本要求：① 充分准备，确保安全。实验前，教师应制定详细的实验计划，准备好实验所需的设备和材料，并对学生进行安全教育，确保实验过程的安全顺利进行。② 明确目的，规范操作。教师应清晰阐述实验的目的、要求和步骤，引导学生按照规范的操作流程进行实验，确保实验结果的准确性和可靠性。③ 加强指导，及时反馈。在实验过程中，教师应密切关注学生的操作情况，及时给予指导和帮助。对于实验中出现的问题和困难，教师应耐心解答和引导，帮助学生克服障碍。④ 总结反思，提升能力。实验结束后，教师应组织学生进行实验小结，总结实验过程中的经验教训和收获。同时，教师还应鼓励学生撰写实验报告，对实验过程进行反思和总结，以进一步提升他们的实验能力和科学素养。

（四）教学方法的选择

勇于尝试并探索各种新颖的教学方法，无疑是教育进步与创新的重要驱动力。然而，教学方法的选择并非盲目追求新奇与变化，而应基于科学、合理的考量。为了更有效地达成教学目标，教师在选择教学方法时，应当遵循一系列基本要求，确保教学方法既符合教育规律，又能满足学生的实际需求。

首先，启发式应作为选择教学方法的指导思想。这意味着教师需要深入了解学生的认知特点和身心发展需求，通过巧妙设计教学活动，激发学生的内在学习动力，引导他们主动探索、积极思考。启发式不仅是一种教学理念，更是贯穿所有具体教学方法的灵魂。无论是传统的讲授法，还是现代的探究式学习，都应在启发式的指引下，充分发挥学生的主体作用，避免机械灌输，让知识成为学生主动建构的产物。

其次，教学方法的选择应紧密围绕教学任务展开。教学的主要任务包括传授系统的科学基础知识、培养学生的基本技能，以及促进学生的全面发展。因此，在选择教学方法时，教师应明确每堂课的具体教学目标，如实验课侧重于探究与发现，练习课则侧重于巩固与提升。通过精准定位教学目标，教师可以更有针对性地选择那些能够高效达成目标的教学方法。

再次，学生的身心发展特征也是选择教学方法时不可忽视的重要因素。不同年龄段的学生在认知、情感、意志等方面存在显著差异，这要求教师在选择教学方法时必须充分考虑学生的实际情况。例如，小学生可能更适合通过游戏、故事等寓教于乐的方式学习，而高中生则可能更倾向于通过讨论、辩论等更具挑战性的学习方式来深化理解。

最后，学科特点也是决定教学方法选择的关键因素之一。不同学科具有不同的知识体系、思维方式和培养目标，这要求教师在选择教学方法时必须充分考虑学科特性。如数学等科学性强的学科，应注重培养学生的逻辑思维能力，而音乐等艺术性强的学科，则应更侧重于激发学生的形象思维和创造力。通过根据学科特点选择恰当的教学方法，教师可以更好地引导学生深入理解学科知识，培养相应的学科素养。

三、教案及其研制

1. 教案的分类与特点

教案，作为教师教学前的精心准备，是指导课堂教学活动的重要蓝图。根据形式的不同，教案可分为条目式与表格式；而依据篇幅的差异，又可细分为详细教案与简要教案，每种类型均承载着独特的教学设计理念与实用价值。

（1）条目式教案以其清晰的条目结构著称，每个条目下精心编排相关内容，既保持了内容的灵活性，又便于教师根据教学实际进行调整。这种教案形式因其高度的适应性和实用性，成为众多教师的首选。条目可伸缩的特点，使得教师能够依据学生特点、教学资源及学校环境，灵活安排教学内容与活动，实现因材施教。

（2）表格式教案则通过特制的表格框架，规范了教案的编写流程。其特定的栏目设计，不仅为新教师提供了明确的编写指南，还通过表格的提示性，帮助教师系统地规划教学活动的各个环节。这种教案形式对于初入教坛的新手教师而言，无疑是一大助力，有助于他们快速掌握教案编写的基本规范。

（3）详细教案以其详尽无遗的编写风格而著称。从教学目标到教学过程的每一个细节，均被细致入微地记录下来。这种教案不仅涵盖了教学内容、教学活动、教具使用、时间分配等多个方面，还注重教与学的统一方式，确保教学活动的每一个环节都能得到充分的考虑与设计。对于新教师、年轻教师或面对新课题的教师而言，详细教案无疑是他们备课过程中的重要参考。

（4）简要教案则以其简洁明了的特点受到经验丰富教师的青睐。它仅提炼出教学过程中的关键内容、新颖手段及特殊事例，省略了烦琐的细节描述。这种教案形式不仅节省了教师的编写时间，还便于他们快速把握教学要点，灵活调整教学策略。对于教学经验丰富、对教材内容了如指掌的教师而言，简要教案无疑是他们高效备课的得力助手。

2. 教案的基本结构

教案的基本结构，是构成教案的核心要素。对于条目式教案与表格式教案而言，它们的基本结构虽有所不同，但都遵循着一定的编写逻辑与规范。

条目式教案的基本结构，涵盖了从背景记载到教学过程设计的十大条目。其中，课题名称明确了教学的主题；教学目标则具体阐述了教学应达到的效果；教学内容列出了教学的具体内容项目，是教学目标实现的基础；重点难点的分析，为教学过程中的时间分配与板书设计提供了依据；课的类型与教学方法的选择，体现了教师的教学理念与策略；教材教具准备则确保了教学活动的顺利进行；教学时间的标明，有助于教师合理安排教学进度；教学过程设计是教案的核心部分，它详细规划了教学活动的步骤与内容；而板书设计则是对教学内容的直观呈现，是提升教学效果的重要手段。

在信息技术日益发达的今天，板书设计也在不断创新与变革。教师们可以利用 Authorware、PowerPoint 等多媒体制作软件，制作出既美观又实用的多媒体幻灯片"板书"，为课堂教学增添新的活力与色彩。这种多媒体化的板书设计，不仅丰富了教学手段，还提高了教学效果与教学质量，是现代教学不可或缺的一部分。

第三章　中小学课程与教学目标

第一节　课程与教学目标的含义与取向

一、课程与教学目标的含义

　　课程与教学目标的多元理解，作为现代教育理念中的核心要素，对于提升教育质量、满足学生个性化需求具有深远的意义。在教育实践的广阔舞台上，我们愈发清晰地认识到，学生群体的学习需求与个性差异如同万花筒般绚烂多彩，这就要求我们的课程与教学目标必须具备高度的灵活性与包容性，以适应每一位学生的独特学习轨迹。

（一）课程与教学目标的重要性

　　从知识掌握的坚实基石出发，课程与教学目标首先应当聚焦于学生的学科基础知识和基本技能，确保他们构建起稳固的知识框架，为后续的学习与发展奠定坚实的基础。然而，知识的积累只是冰山一角，现代社会对学生的要求远不止于此。批判性思维、创新能力、团队合作精神等综合素养的培养，同样应当被纳入课程与教学目标的范畴之内。这些能力的提升，不仅有助于学生更好地适应未来社会的挑战，更是他们实现个人价值、成为社会栋梁的关键所在。

更为深远的是，课程与教学目标还应承担起引导学生情感态度和价值观的重任。学生在学习过程中所形成的情感倾向、价值判断，将如同指南针一般，指引着他们的人生航向。因此，教育者必须设定明确而具体的目标，通过精心设计的课程内容和教学方法，培养学生的积极情感、正确价值观以及高尚的道德品质，为他们的成长之路点亮明灯。

当然，课程与教学目标的多元性并非无序的混乱，而是在教育理念的引领下，经过深思熟虑的精心设计。这些目标需要既符合学科的内在逻辑与特点，又能够促进学生身心的全面发展。同时，教育者还需保持敏锐的洞察力，根据学生的实时反馈和教学效果，不断调整和优化目标体系，确保教育活动的持续进步与创新。

综上所述，课程与教学目标的多元理解不仅是现代教育发展的必然要求，更是实现教育公平、提升教育质量的重要途径。通过设定多元、灵活且富有针对性的目标，我们能够更加精准地满足学生的学习需求，激发他们的潜能，促进他们的全面发展和个性成长，为社会的繁荣与进步贡献教育的力量。

（二）课程与教学目标相关概念及其关系

在探讨课程与教学目标时，我们不得不提及与其紧密相连的两个概念：教育目的和培养目标。这四个概念——教育目的（总目标）、培养目标、课程目标、教学目标，构成了教育目标体系的四个层次，它们之间既相互独立，又相互联系，共同构成了教育活动的导向系统。

教育目的，作为最高层次的目标，具有最宽泛的涵盖面和最深远的指导意义。它是对教育最终成果的宏观设想，是教育活动的总方向和总要求。培养目标则位于教育目的之下，是针对特定学段或学校类型而设定的，它更加具体地体现了教育目的的要求，同时也融入了学校自身的办学理念和特色。

课程目标，则是进一步细化的目标，它直接关联到课程的设计与实施。

课程目标需要紧密围绕教育目的和培养目标的要求，明确学生在某一门课程或某一学习阶段应达到的学习成果。而教学目标，则是课程目标在具体教学活动中的体现，它更加具体、可操作，直接指导着教师的教学行为和学生的学习活动。

这四个层次的目标，共同构成了一个完整的教育目标体系。它们之间既有层次上的区分，又有内容上的联系。教育目的为整个教育活动提供了宏观的指导和方向，培养目标则在这一方向上进一步明确了学段或学校类型的具体要求，课程目标则将这些要求转化为具体课程的设计与实施，而教学目标则是这一切在教育实践中的最终落实。这样的目标体系，既保证了教育活动的连贯性和一致性，又充分考虑了不同层次和类型教育的特殊性，为教育的全面发展提供了有力的支撑。

1. 教育目的和课程与教学目标的关系

教育目的，作为培养人的总目标，是教育实践活动的根本出发点和归宿。它关乎着将受教育者塑造成何种社会角色以及他们应具备的素质，是教育活动的核心指导思想。教育目的具有鲜明的历史性，随着社会的变迁和时代的发展，对人才的需求也在不断变化，进而决定了教育目的的具体内容。课程与教学目标，作为教育目的在具体教学活动中的体现，必须紧密围绕教育目的的主旨和意图进行设定。它们不仅受到教育目的的制约，更是教育目的得以实现的重要途径。

教育目的为课程与教学目标的制定提供了宏观的方向和框架，决定了它们的性质和方向。然而，教育目的本身较为抽象和概括，无法直接指导具体的课程内容选择、组织以及教学过程的实施和评价。因此，需要将教育目的转化为更为具体、可操作的培养目标，进而再细化为课程与教学目标。这样，教育目的才能通过一系列具体的教学活动得以落实，从而实现培养人的总目标。

2. 培养目标和课程与教学目标的联系与区别

培养目标，作为教育目的在各级各类学校或教育机构中的具体化，是根据国家的教育目的以及学校自身的性质和任务，对培养对象提出的特殊要求。它是总的教育目标的具体化，是连接教育目的与课程与教学目标的桥梁。培养目标必须通过课程与教学目标才能实现，它们之间既有联系又有区别。

在概括性方面，培养目标具有更高的层次和更广的视野，它要求某类学校的各门课程与教学乃至各项教育活动都要服从这一目标的要求。而课程与教学目标则更加具体，往往针对某一学科或某一教学单元进行设定，其内涵和外延都限定在培养目标的范围之内。

在操作性方面，课程与教学目标更加具体、明确，具有更强的可操作性。它们要求目标体现学科特点，通过学科的个性来体现培养目标的共性。课程与教学目标是课程编制的指导目标，对课程内容、课程结构、课程实施、课程评价等都具有直接的指导意义和实践意义。

在使用功能方面，培养目标主要适应于对某类学校的办学方向、性质、途径等教育事业发展方面的要求，为学校的整体发展提供指导。而课程与教学目标则更加关注具体的课程编制和教学实施，要求课程工作明确、具体，以利于教师的教学和学生的学习。同时，它们还要充分考虑学生的特点、学科内容以及社会需求的关系，特别是社会需求这一因素更应引起足够的重视。

此外，课程目标与教学目标在概念界定上具有相似之处，都采用了属加种差定义法。但在实际应用中，它们之间也存在明显的差异。课程目标的制定主要由教育行政部门和课程工作者完成，具有较强的方向性和规定性；而教学目标则主要由教师来制定，具有更强的实用性和灵活性。从使用范围来看，课程目标主要为课程编制提供依据和参考，而教学目标则为教师的教和学生的学提供具体的导向和激励。从目标功能上看，教学目标是教学活动的起点和终点，也是进行教学评价的重要依据，它具有很强的实践性和实效性。

综上所述，培养目标和课程与教学目标在教育实践中各自扮演着不同的角色，它们之间既有紧密的联系又有明显的区别。在课程与教学论整合的背景下，将课程目标与教学目标统一为"课程与教学目标"，有助于更好地实现教育的整体目标，促进学生的全面发展。同时，我们也应充分认识到它们之间的差异和特点，以便在实际教学中更加科学、合理地运用它们。

二、课程与教学目标的取向

课程与教学目标的形式取向，作为指导教育实践的重要理念，可以细分为以下四种类型，每种类型都承载着独特的教育哲学和价值追求。

（一）普遍性目标：构建共同基础与普遍价值

普遍性目标，亦称作普遍主义目标，其核心理念在于强调教育应致力于为所有学生奠定坚实的知识基础和技能框架，同时培育他们共有的素养与普遍价值观。这一取向认为，无论学生的背景、兴趣或能力如何差异，都应接受一套核心的教育内容，以确保他们能够满足社会对公民的基本要求。普遍性目标通常聚焦于数学、语言、科学等核心知识领域，以及这些领域所要求的思维能力与道德品质的培养。

然而，普遍性目标也面临着现实的挑战与反思。一方面，它可能过于强调统一性，从而忽视了学生个体间的差异性与多样化的学习需求，导致教学内容与方法的僵化。另一方面，随着社会的快速发展与知识体系的不断更新，普遍性目标所界定的基础知识和基本技能可能会逐渐失去时效性，难以适应未来社会的多元化需求。因此，在追求普遍性的同时，我们也应关注教育的灵活性与前瞻性。

（二）行为性目标：明确界定与可测量性

行为性目标，又称具体性目标或操作性目标，其特点在于以学生具体的行为表现为依据，清晰界定学习结束后学生应达到的能力水平。这种取向注重目标的可观察性、可测量性和可操作性，通过设定具体的行为动词和表现标准来明确学生的学习成果。例如，在数学课程中，行为性目标可能包括"能够熟练计算三位数的加减法"或"能够准确解决涉及比例的实际问题"等。

行为性目标的优势在于其明确性和可操作性，它为教师提供了清晰的教学指南，也为学生的学习提供了具体的目标导向。然而，过于强调行为的可测量性也可能导致教学的机械化与形式化，忽视了学生内在的学习动机与情感体验。此外，行为性目标往往难以全面涵盖学生的全面发展，特别是创造力、批判性思维等高阶认知能力的培养。因此，在运用行为性目标时，我们应注重其与其他目标取向的平衡与融合。

（三）生成性目标：动态构建与个性化发展

生成性目标强调在教学过程中，教师和学生通过互动与对话，共同构建和生成学习目标。这一取向认为，学习是一个动态、生成的过程，学生的学习需求、兴趣和能力会随着情境的变化而不断发展。因此，教学目标不应是预设的、固定的，而应是灵活的、可调整的，以适应学生的个性化需求和学习进程。

生成性目标的优势在于其灵活性和适应性，它能够更好地满足学生的个性化需求和学习兴趣，促进学生的主动学习与深度学习。然而，这也对教师的教学能力和专业素养提出了更高的要求。教师需要具备敏锐的观察力和判断力，能够及时发现学生的学习问题和需求，并灵活调整教学策略。同时，生成性目标的实施还需要良好的师生关系和课堂氛围作为支撑，以确保教学过程的顺畅与有效。

（四）表现性目标：个性化表现与创造性培养

表现性目标关注的是学生在具体教育情境中个性化表现的结果。它认为，当学生的主体性得到充分发挥、个性得到充分发展时，他们在具体情境中的行为表现和学习成果是无法准确预知的。因此，表现性目标所追求的是学生反应的多元性、个体性和创造性，而不是同质性的反应。

表现性目标是在对行为性目标进行反思的基础上提出来的，它旨在培养学生的创造性精神和个性化表现。它并不规定学生在完成学习活动后应习得的具体行为，而是描述了一个教育情境、问题或任务，让学生在其中自由发挥、探索和学习。表现性目标是唤起性的、非规定性的，它为学生提供了一个主题或情境，鼓励学生运用原有的知识技能进行拓展和深化，同时赋予这些知识技能以个人的特色。

然而，表现性目标也存在一定的局限性。首先，由于其模糊性和非规定性，它可能无法为课程设计与教学实施提供明确的指导。其次，在某些学科领域，表现性目标可能难以确保学生掌握必须掌握的核心内容，因为这与学科的性质和要求密切相关。因此，在运用表现性目标时，我们需要谨慎权衡其利弊，结合其他学科目标取向的优势，共同构建一个全面、均衡的课程与教学目标体系。

综上所述，四种不同取向的课程与教学目标各有其长处和短处，它们共同构成了教育实践中的多元目标体系。在编制课程与设定教学目标时，我们应根据课程性质、学校教育目的以及学生的实际需求，合理选择和融合不同的目标取向。同时，我们还应关注各种目标取向之间的相互作用与影响，以确保课程与教学目标的整体性和有效性。

第二节　课程与教学目标的分类与设计

一、课程与教学目标的分类

1. 认知领域目标分类

布卢姆于 1956 年出版的《教育目标分类学》中，首次将分类学的理论引入课程与教学领域，为教育目标的设定提供了科学的依据。在布卢姆等人看来，教学目标可以划分为三大领域：认知领域、情感领域和技能领域。其中，认知领域的目标分类尤为引人注目，它基于学习心理学的原理，将人的认知过程细分为六个递进阶段，每个阶段都对应着不同的学习目标和认知特点。

（1）第一阶段：知识（Knowledge）的积累与识记。知识是认知目标中的基础，它涉及对名词、事实、规则和原理等信息的记忆与识别。这一阶段的学习目标主要是帮助学生建立起扎实的知识基础，为后续的学习提供必要的素材和支撑。在教学中，教师可以通过描述、认出、配对、界定、说明、列举、阐明等行为动词来引导学生掌握和识记相关知识。

（2）第二阶段：理解（Comprehension）的深化与拓展。理解是认知过程中的重要环节，它要求学生能够把握所学知识的内涵和外延，理解概念的意义和内涵。为了检测学生的理解程度，教师可以采用让学生用自己的话解释概念或运用课本以外的例子来说明概念的方法。转换、估计、说明、举例、预测、摘要、归纳等行为动词可以有效地帮助学生深化对知识的理解。

（3）第三阶段：运用（Application）的实践与操作。运用是将所学知识转化为实际能力的过程，它要求学生能够将所学的规则、方法、步骤、原理、原则和概念应用到新的情境中，解决实际问题。预测、证明、解决、修改、表现、发现等行为动词可以帮助学生将理论知识与实际操作相结合，提升他们的实践能力和问题解决能力。

（4）第四阶段：分析（Analysis）的剖析与解构。分析是指将复杂的知识或概念分解为若干个构成部分，或找出各部分之间的相互关系。这一阶段的学习目标旨在培养学生的分析能力和逻辑思维能力。选出、分析、判断、辨别、指出、分解等行为动词可以帮助学生深入理解知识的内在结构和逻辑关系。

（5）第五阶段：综合（Synthesis）的整合与创新。综合是将所学到的零散知识、原理、原则与事实等统合成新的整体，形成新的知识体系或解决问题的能力。联合、设计、组织、综合、筹划、创造等行为动词可以激发学生的创造力和想象力，培养他们的综合能力和创新能力。

（6）第六阶段：评价（Evaluation）的批判与判断。评价是认知目标中的最高层次，它要求学生能够依据某项标准对所学知识或事物进行价值判断。这种能力不仅要求学生具备扎实的知识基础，还需要他们具备批判性思维和独立思考的能力。评价、判断、比较、支持、批判、评论等行为动词可以帮助学生培养批判性思维和独立思考的能力，提升他们的评价能力和审美水平。

布卢姆的教育目标分类理论对实际教育教学产生了深远的影响。认知领域目标的设定不仅符合由浅入深、逐步发展的认知规律，而且为教师的教学提供了明确的指导和依据。在教育教学实践中，教师应该根据学生的认知特点和教学目标的要求，合理选择教学方法和手段，帮助学生逐步掌握和提升各个阶段的认知能力。同时，教师还应该注重培养学生的批判性思维和独立思考的能力，引导他们学会评价、判断和比较所学知识或事物，从而培养他们的综合素质和创新能力。

2. 情感领域目标分类

克拉斯沃尔于1964年提出的情感教育目标分类理论，为教育领域带来了革命性的变革，它为我们提供了一个全面且细致的框架，用于理解和评估学生在情感层面的发展。这一理论强调，情感教育绝非简单地传授知识或技能，其核心在于塑造学生的态度、激发兴趣、树立理想、培养欣赏能力以及形成适应性的生活方式。这些元素共同交织，构成了个体丰富多彩的情感世界。

在克拉斯沃尔的精心构建下，情感领域的教育目标被细致地划分为五个紧密相连却又各具特色的亚领域，它们分别代表着情感发展的不同阶段或层次：

（1）接受。作为情感发展的起点，接受阶段意味着学生对外部观念、价值观或情感刺激的初步认可和接纳。此时，学生可能尚处于被动接受信息的状态，尚未形成独立的判断或反应。然而，这一阶段的接纳为后续的情感深化奠定了坚实的基础，为更深层次的情感参与和体验打开了大门。

（2）反应。在接受的基础上，学生开始对外界刺激产生积极的或消极的反应，这种反应可能体现在情感的流露、态度的转变或行为的调整上。反应阶段的到来，标志着学生已经从一个被动的接受者转变为一个主动的情感参与者，他们的情感世界开始与外部世界产生互动，形成初步的反馈机制。

（3）价值判断。随着情感发展的深入，学生逐渐学会根据自己的价值观对外部事物进行评判。他们不仅关注事物本身，更关注这些事物是否与自己的价值观或信仰相契合。价值判断阶段的出现，是学生情感成熟的重要标志，它有助于学生形成稳定且坚定的价值观和道德观，为未来的社会交往和人生决策提供坚实的支撑。

（4）价值的组织。在价值判断的基础上，学生开始将各种价值观进行整合，形成一个连贯、一致且富有层次的价值体系。他们学会了如何平衡和协调不同的价值观，以及如何在不同的情境下灵活运用这些价值观。价值的组织阶段，不仅有助于学生形成更加复杂和深刻的情感理解，更为他们的社会交往和人生选择提供了明确的指导。

（5）价值的个性化。作为情感发展的巅峰，价值的个性化阶段意味着学生已经将外部价值观内化为自己的个性特征，形成了独特的情感风格和人生哲学。在这一阶段，学生不仅深刻理解价值观的内涵，更能在个人生活中践行这些价值观，实现情感与行为的和谐统一。价值的个性化，标志着学生情感发展的成熟和自主，是他们成长为独立、有责任感且充满个性的社会成员的关键。

克拉斯沃尔的情感教育目标分类理论，以其清晰、系统的框架，为我们提供了理解和评估学生情感发展的有力工具。通过深入关注这些亚领域的发展，教育者可以更加精准地设计教学活动，促进学生的情感成长和全面发展，为他们的未来奠定坚实的情感基础。

3. 技能领域目标分类

在技能领域，目标的分类同样具有鲜明的层次性和阶段性：

（1）第一类：知觉（Perception）。知觉是技能学习的起点，它涉及对外部刺激的感知、线索的选择以及信息的转换。在知觉阶段，学生的目标是了解物体的性质、特征以及它们之间的关系。为了实现这一目标，学生需要学会选择性地关注相关信息，忽略无关干扰，并对所选信息进行有效的加工和转换。常用的行为动词如"选择""检查""指出""区别"和"示范"，都体现了学生在知觉阶段所需具备的能力。

（2）第二类：心向（Set）。心向，即准备状态，是技能学习的关键一环。它涉及心理、身体和情绪三个方面的准备，为接下来的动作执行奠定基础。在心向阶段，学生需要调整自己的心态，激发学习的动机，做好身体上的准备，并调整情绪状态，以确保能够以最佳状态投入到技能学习中。常用的行为动词如"开始""执行""自愿""表现"和"示范"，都反映了学生在心向阶段所需展现的积极态度和准备状态。

（3）第三类：引导的反应（Guided Response）。引导的反应是指在他人指导下，学生能够表现出明显的动作或行为。这一阶段的学习重点在于模仿和尝试，通过模仿他人的正确动作，学生可以逐渐掌握技能的基本要领；通过尝试错误，学生可以不断纠正自己的动作，逐步接近正确的技能表现。常用的行为动词如"表现""示范"和"操控"，都体现了学生在引导反应阶段所需具备的模仿和尝试能力。

（4）第四类：机械练习（Mechanism）。机械练习是技能熟练化的重要途径。在这一阶段，学生需要通过反复练习所学的动作，将其逐渐熟练并养成习惯。机械练习不仅要求学生能够准确地执行动作，还要求他们能够保持动作的连贯性和稳定性。常用的行为动词如"表现""示范"和"操控"，在机械练习阶段同样适用，但此时更强调动作的熟练度和稳定性。

（5）第五类：复杂的反应（Complex Overt Response）。复杂的反应阶段，意味着学生能够表现出更加复杂和高级的技能动作。这些动作不仅要求学生具备较高的技能水平，还要求他们能够灵活运用所学的知识和技能，解决实际问题。在这一阶段，学生需要展现出较高的协调性和创造力，以应对各种复杂的情境和任务。常用的行为动词如"表现""示范"和"操控"，在复杂的反应阶段同样具有指导意义。

（6）第六类：适应（Adaption）。适应阶段，要求学生能够根据实际情况调整自己的技能表现，以适应不同的环境和任务要求。在这一阶段，学生需要学会观察、分析和判断，根据自己的经验和知识，灵活地调整技能动作，以达到最佳的效果。常用的行为动词如"适应"和"修改"，都体现了学生在适应阶段所需具备的灵活性和应变能力。

（7）第七类：创作（Origination）。创作是技能学习的最高境界。在这一阶段，学生不仅能够熟练掌握所学的技能，还能够在此基础上进行创新和创造，形成自己独特的技能风格和作品。创作阶段要求学生具备较高的创造力、想象力和审美能力，能够将自己的想法和感受融入技能表现中，创造出具有独特魅力的作品。常用的行为动词如"创造""组合""建立"和"修改"，都体现了学生在创作阶段所需具备的创新能力和艺术素养。

4. 学习结果分类理论

加涅（R.M.Gagne）在深入研究学习本质的基础上，提出了五种学习结果的分类，这一理论为教育实践提供了重要的指导。

（1）第一种是言语信息（verbal information）的掌握。言语信息不仅指学习者能够记忆并表述出事物的名称、符号、地点、时间、定义等具体细节，更重要的是，它强调了学习者在需要时能够灵活调用这些信息，以支持他们的思考、决策和表达。这种信息是构建知识体系的基础，对于学习者的认知发展和学术交流至关重要。

（2）第二种是智慧技能（intellectual skills）的获得。智慧技能体现了学习者运用符号与环境进行有效互动的能力，它超越了简单的记忆和复述，要求学习者能够理解和应用规则、概念，解决实际问题。这种技能的培养是教育过程中的重要环节，它促进了学习者的思维发展，提高了他们的问题解决能力。

（3）第三种是认知策略（cognitive strategies）的运用。认知策略是学习者自我调控学习过程的技能，它涉及如何有效地管理注意、记忆、思维等认知资源。通过学习和运用认知策略，学习者能够更高效地处理信息，提高学习效率。这种策略的培养对于学习者的自主学习和终身学习具有重要意义。

（4）第四种是动作技能（motor skills）的熟练。动作技能是学习者在执行身体运动、动手操作等任务时所表现出的能力。它不仅关乎动作的准确性和流畅性，还涉及对动作过程的控制和调整。动作技能的学习对于学习者的身体发展、实践能力和职业素养都至关重要。

（5）第五种是态度（attitude）的形成。态度是学习者对特定对象或情境的心理倾向和反应模式。它影响着学习者的行为选择、情感体验和价值取向。通过教育和引导，学习者可以形成积极、健康的态度，这有助于他们的个人成长和社会适应。

加涅的学习结果分类理论基于信息加工论，将学习过程视为一个信息输入、加工、输出和反馈的循环过程。这一理论强调了学习结果的多样性和层次性，为教育者制定课程与教学目标提供了科学依据。通过明确学习结果，教育者可以更有针对性地设计教学活动和评价方式，从而促进学习者的全面发展。

5. 学习分类理论

奥苏伯尔（D.P.Ausubel）的学习分类理论为理解学习过程的本质提供了独特的视角。他根据学习者是否理解学习材料以及学习材料的意义来源，将学习划分为有意义学习与机械学习、接受学习与发现学习四种类型。

有意义学习强调学习者利用原有经验来理解和整合新知识，这种学习方式能够促进知识的深度加工和长期记忆。相比之下，机械学习则缺乏这种深度加工，学习者往往通过死记硬背来掌握知识，这种方式虽然可能在短期内有效，但长期来看容易导致知识的遗忘和混淆。

接受学习是指学习者通过传授者呈现的材料来获取知识，这种方式在教育中占据重要地位。然而，接受学习并非总是机械的，如果学习者能够理解并内化所呈现的材料，那么这种学习就是有意义的。同样地，发现学习也并非总是有意义的，如果学习者在缺乏指导的情况下盲目尝试和犯错，那么这种学习就可能变成机械的发现。

奥苏伯尔强调接受学习与发现学习并非截然对立，而是相互补充的。接受学习为发现学习提供了必要的知识和技能基础，而发现学习则能够激发学习者的探索精神和创新能力。因此，在教育实践中，教育者应该根据学习者的实际情况和学习目标，灵活运用这两种学习方式，以促进学习者的全面发展。同时，教育者还应该注重培养学习者的有意义学习能力，帮助他们建立稳固的知识基础，提高他们的问题解决能力和创新能力。

6. 我国国家课程标准中对课程与教学目标的分类

我国基础教育课程标准在目标分类上，科学且全面地涵盖了三类：结果性目标、体验性目标与表现性目标。这三类目标不仅各有侧重，而且相互关联，共同构成了我国基础教育课程目标的完整体系。

（1）结果性目标：明确性与可量化性的结合。结果性目标，顾名思义是强调学生学习后应达到的具体结果，这类目标的特点在于其明确性、可观测性和可量化性。在"知识与技能"领域，结果性目标发挥着至关重要的作用。它要求采用的行为动词必须具体、明确，能够直接反映学生的学习成果。例如，"运用地图，说出我国地形地势的主要特征"和"认识常用汉字 1 600～1 800 个"等，都是典型的结果性目标。为了更便于操作和评估，课程标准进一步将结果性目标细化为"知识"和"技能"两个子领域。知识部分被划分为了解、理解和应用三个层次，而技能部分则分为模仿、独立操作和迁移三个层次。这种划分方式不仅简洁明了，而且易于教师把握和操作，有助于确保教学目标的达成。

（2）体验性目标：过程与情感的双重关注。体验性目标则更加侧重于学生自身的心理感受和情绪体验。与结果性目标不同，体验性目标所采用的行为动词往往是历时性的、过程性的，它更关注学生在学习过程中的体验和感受。这类目标主要对应于"过程与方法"以及"情感态度与价值观"领域。为了增强操作性，课程标准将体验性目标分为三个层次水平——经历（感受）、反应（认同）和领悟（内化）。这三个层次层层递进，从初步的感受体验到深入的认同领悟，全面体现了学生在学习过程中的情感发展和价值观形成。

（3）表现性目标：开放性与创新性的融合。表现性目标则为学生提供了展示自我、发挥创意的舞台。这类目标所采用的行为动词通常与学生表现什么有关，或者结果是开放性的，鼓励学生根据自己的理解和想象进行创作和表现。表现性目标在艺术类课程中尤为常见，它旨在激发学生的创造力和艺术表现力。课程标准将表现性目标划分为复制和创新两个层次水平。复制是基础的、模仿性的表现，而创新则是更高层次的要求，鼓励学生突破常规、勇于创新。

二、设计课程与教学目标的科学依据

1. 学生的需要：核心与基石

课程与教学的基本职能是促进学生身心发展，因此确定课程与教学目标必须紧密围绕学生的需要展开。学生的需要是复杂多样的，包括兴趣与需要、认知发展与情感形成、社会化过程与个性养成以及学习条件等多个方面。为了科学准确地确定学生的需要，我们应从以下三个方面进行有机结合：

（1）学生现状调查研究。即通过对学生当前状况的全面了解，与理想的常态进行比较，发现存在的差距和教育上的需要。这需要我们制定科学的调查方法和评估标准，如泰勒所提出的学生需要层次与类型标准，或奥利瓦的六层次四类型划分，以确保调查的准确性和全面性。

（2）个体差异的研究。学生之间存在显著的个体差异，这是学生身心发展的需要。在确定课程与教学目标时，我们必须充分考虑这些差异，避免一刀切的做法。倡导学生自由选择的方法，是尊重学生个性的表现。同时，我们也需要帮助学生识别和提升那些他们尚未清晰意识到的需要，引导他们形成自觉的、积极的学习动机。

（3）动态的发展需要。学生的身心发展是一个动态变化的过程，因此确定课程与教学目标时，我们必须以动态发展的视角来看待学生的需要。这要求我们不仅要关注学生的当前需要，还要预见他们的长远需要；不仅要考虑学生天赋的自发需要，还要关注他们后天形成的自觉需要。只有这样，我们才能确保课程与教学目标既符合学生的当前实际，又能够引领他们的未来发展。

2. 社会生活的需要：课程与教学目标的基石

学生个体的发展与社会进步紧密相连，而社会文化的传承则是这一联结的关键纽带。社会生活的需要，作为教育目标设定的出发点，其确定过程既复杂又精细。在确定社会生活的需要时，我们必须从两个维度进行深入剖析：一是如何精准捕捉社会生活的多维度需求，这要求我们在分析时既要关注社会各个层面的内在联系，又要把握时间流逝中的社会变迁与空间布局中的地域差异，从而在纷繁复杂的社会现象中提炼出核心需求。二是如何将这些需求转化为具体的课程与教学目标，这需要我们借鉴泰勒的经典做法，即先将社会需求细分为若干领域，如健康、家庭、娱乐、职业等，再针对每个领域搜集相关资料，以确保教学目标的设定既全面又具体。

在确定课程与教学目标时，我们应坚守三条核心原则。首先，民主与公平性原则要求我们在设定目标时，必须充分考虑社会各个阶层的需要，特别是那些处于不利地位的社会群体，确保教育资源的公平分配。其次，共性与个性统整原则强调，在全球化背景下，我们的教育目标既要体现国际视野，又要尊重本土文化，实现全球与本土的和谐共生。最后，适应与超越原则提醒我们，教育不仅要反映当前社会的现实需求，更要预见并引领社会的未来发展，培养学生的创新精神与批判性思维。

3. 学科发展的需要：课程与教学目标的灵魂

教育的核心在于文化的传承与创新，而学科则是文化传承的重要载体。在探讨学科发展对课程与教学目标的影响时，我们需从知识的价值、价值判断以及学科功能的平衡三个方面进行深入思考。

知识的价值不仅在于其实用性，更在于其能够启迪智慧、丰富精神世界。因此，在设定课程与教学目标时，我们应超越功利主义视角，注重知识对于个体成长和社会进步的深远意义。同时，我们还要警惕知识背后的社会意识形态，确保所传授的知识能够维护社会民主与公正，促进社会的和谐与发展。

在价值判断的基础上，我们还需要根据学科发展来确定具体的课程与教学目标。泰勒的建议为我们提供了有益的参考，即应充分听取学科专家的意见，深入挖掘学科的功能性信息。然而，在实际操作中，我们往往发现基础教育阶段的学科课程和教材过于专业化，忽视了学科的一般教育功能。因此，在制定目标时，我们应努力平衡学科的专门化与一般教育功能，确保学生在掌握专业知识的同时，也能获得全面的素质提升。

综上所述，课程与教学目标的设定是一个系统工程，需要综合考虑学生需求、社会期望以及学科发展等多方面因素。这三者之间相互依存、相互促进，共同构成了教育目标的完整框架。在制定目标时，我们应秉持系统思维，有机整合各方面因素，以确保教育目标的科学性与合理性。同时，我们还应不断探索和研究如何更好地平衡和融合学科的不同功能，以促进学生素质的全面提升和社会的持续进步。

三、课程与教学目标设计的基本原则

1. 基础性原则：奠定课程与教学目标的坚实基石

基础性原则在课程与教学目标的构建中占据着举足轻重的地位。它不仅要求课程与教学目标的确定要紧密贴合国家、社会对人才的基础需求，更强调这些目标应涵盖社会所需的基本知识与技能、能力以及个性品质。人的生存性目标，作为课程与教学目标的核心内容，其重要性不言而喻。一个人要想在社会中立足，首先必须掌握足以支撑其生存的知识与技能，具备基本的生活与生产能力，以及社会所期望的角色能力和良好个性。这些基础性的能力与品质，不仅是个体生存与发展的基石，也是社会和谐与进步的重要保障。

在践行基础性原则时，我们应深入剖析社会对人才的具体需求，明确哪些知识与技能是现代社会不可或缺的，哪些能力与品质是促进学生终身发展的关键。同时，我们还应关注学生的个体差异，确保课程与教学目标能够满足不同学生的基础需求，为他们的全面发展奠定坚实基础。

2. 完整性原则：构建全面发展的课程与教学目标体系

完整性原则强调课程与教学目标应全面体现人的整体发展需要。一个真正完整的课程与教学目标体系，不仅应涵盖认知、情感、技能、应用等四大方面，还应确保这四者之间的和谐统一与不断完善。作为整体人，学生的需求是多方面的，既包括自然性的需求，如身心健康、知识获取等，也包括社会性的需求，如人际交往、社会参与等。

在遵循完整性原则时，我们应深入分析学生作为整体人的各种需求，结合课程与教学内容的特点，全面规划和设计学生在自然发展和社会发展中所需的知识与技能、过程与方法以及情感、态度和价值观等方面的要求。通过构建这样一个全面而完善的课程与教学目标体系，我们不仅能够促进学生的身心发展，还能有效推动其社会性的发展，为他们的未来成长奠定坚实基础。

3. 发展性原则：顺应时代变迁，促进学生全面发展

发展性原则是构建课程与教学目标时不可或缺的重要原则。它要求我们在构建课程与教学目标时，应紧跟时代步伐，适应社会变化的"时代性"特征，以促进学生的全面发展为目标。在新时代背景下，学生所需的能力与素质也在不断更新与拓展。例如，发现问题的能力、独立思考与判断的能力、主动行动的能力以及创造性思维和创新能力等，都是新时代对学生提出的更高要求。

在践行发展性原则时，我们应注重培养学生的这些关键能力与素质，确保他们能够在新时代的浪潮中立于不败之地。同时，我们还应关注学生的个性发展，以他们的全面发展为中心来设置课程，为他们提供多样化的学习选择和发展空间。此外，国际意识的培养也是发展性原则的重要组成部分。我们应鼓励学生拓宽视野，理解异质文化，培养与不同文化、习惯的人交流以及共同生活的素质和能力，为他们的国际化发展奠定坚实基础。

4. 多样统一性原则：平衡课程与教学目标的差异性与统一性

多样统一性原则是构建课程与教学目标时必须遵循的重要原则之一。它要求我们在确立课程与教学目标时，既要考虑其统一性，确保基础教育的整体质量，又要兼顾其多样性，以适应不同民族、不同地区的经济、文化等差异性。统一的课程与教学目标虽然能够确保教育的规范性和一致性，但也可能因过于僵化而脱离地方和学生的实际；而不同的课程与教学目标虽然能够更好地联系当地实际和调动地方、学校的积极性，但也可能因缺乏统一标准

而难以保证基础教育的整体质量。

因此，在践行多样统一性原则时，我们应寻求差异性与统一性之间的平衡点。在建立国家课程目标、统一课程目标的基础上，我们应充分尊重不同民族、不同地区的经济文化等差异性，鼓励和开发地方性的课程及其目标框架。通过这样一种既统一又多样的课程与教学目标体系，我们不仅能够确保基础教育的整体质量，还能更好地满足地方和学生的实际需求，推动教育的持续健康发展。

四、课程与教学目标设计的基本步骤

1. 明确教育目的和培养目标：构建课程与教学目标的基石

完整的课程与教学目标体系，如同金字塔般层次分明，宏观、中观、微观三个层次的目标相互支撑，共同构成教育的完整蓝图。其中，教育目的作为金字塔的顶端，是课程与教学的终极追求，它体现了教育的总体目标和价值观，为整个教育体系指明了方向。而培养目标，则位于金字塔的中层，是对各级各类学校具体培养要求的细化，它紧密关联着学科或领域的课程与教学目标，为学生的学习提供了明确的方向标。

在构建课程与教学目标时，我们必须深刻理解并贯彻教育目的和培养目标的精髓。这要求我们不仅要回答"什么是受过教育的人"，更要探讨教育与人的发展、教育与社会进步的内在联系。只有这样，我们才能确保课程与教学目标既符合教育的总体要求，又能满足学生个体成长和社会发展的需要。

2. 分析课程与教学目标的基本来源：三因素整合的必然

课程与教学目标的制定，并非凭空而来，而是基于对学生、社会、知识三因素的深刻理解和整合。历史上的"三中心论"——知识中心论、儿童中心论、社会中心论，虽各有侧重，但均因偏执一端而显不足。这提醒我们，在构建课程与教学目标时，必须正确处理学生健全发展、社会发展与学科知识之间的关系。

具体来说，我们应以学生全面发展的需求为出发点，充分考虑经济和社会发展的实际需要与可能，同时精选人类最新、最优秀、最先进的科学知识作为教学内容。这样的目标，既体现了对学生个体差异的尊重，又兼顾了社会发展的需求，更确保了知识的科学性和时代性。

3. 选择课程与教学目标的基本取向：多元与动态的平衡

课程与教学目标的取向，是随着教育理念的发展而不断演变的。历史上，不同的教育理论催生了不同的目标取向，而每种取向都有其独特的价值和局限性。因此，我们无法也不应试图判定哪种取向是终极的、理想的。

在实际决策过程中，我们应深入分析各种目标取向的优缺点，结合决策环境的理性和情境性，以及课程实施者的实际情况和课程理论研究的现状，灵活选择最适合的课程与教学目标取向。同时，我们还应保持开放的心态，允许并鼓励不同取向之间的碰撞与对话，以促进课程与教学目标的不断完善和发展。

4. 叙写具体的课程与教学目标：行为目标表述模式的实践

在明确了教育目的、培养目标及其与课程与教学目标的关系，厘清了课程与教学目标的基本来源及其关系，并确定了课程与教学目标的基本取向后，我们进入了构建课程与教学目标体系的具体阶段——叙写具体的课程与教学目标。

行为目标表述模式是一种有效的叙写方法，它强调用可以观察或测量的行为来描述课堂教学目标。在撰写行为目标时，我们应明确三个关键要素：行为、条件和标准。行为表述应具体、可观察，避免使用模糊的内部心理过程词语；条件表述应明确学习者表现行为的情境；标准表述则应设定衡量学习结果的最低要求，使教学目标具有可测性。

此外，我们还可以根据教学对象或内容的特点，灵活选择是否省略行为产生的条件或标准。同时，随着教育理念的发展，我们还可以借鉴和完善行为目标表述模式，如引入 ABCD 表述模式等，以更全面地反映课程与教学目标的构成要素和层次。

综上所述，课程与教学目标的科学表述是构建有效教学体系的关键。我们应明确教育目的和培养目标，深入分析课程与教学目标的基本来源和取向，灵活运用行为目标表述模式等具体方法，以确保课程与教学目标的科学性、具体性和可测性。

第三节　课程与教学目标之核心素养的维度

一、核心素养的概念与内涵发展

（一）核心素养的概念：教育目标的全新诠释

核心素养，作为描述教育目标和课程目标的核心概念工具，其重要性不言而喻。它不仅代表了一门课程所独有的、至关重要的且普遍认同的育人价值，更是新时代教育"立德树人"根本任务得以落实的关键所在。在《义务教育课程方案（2022年版）》的明确指引下，每门课程所精心培育的核心素养，都是对该学科育人价值的深刻提炼和具体展现，通常通过3~5个精炼的词或短语来概括。

回溯至2014年，教育部发布的《关于全面深化课程改革 落实立德树人根本任务的意见》中，核心素养的概念首次被明确提出。这一概念的提出，旨在从根本上扭转教育领域长期存在的"唯分数论"倾向，引领教育向更加全面、深入的方向发展，并有力推动教师专业素养的不断提升。

核心素养并非与生俱来的天赋，而是个体在后天的教育过程中逐步习得并内化的。它如同学生发展的根基，为学生未来的成长提供坚实的支撑和源源不断的动力。同时，核心素养也是课程育人价值的集中凝练，是学生在课程学习中逐渐形成的，既适应个人终身发展需要，又符合社会发展要求的正确价值观、必备品格和关键能力。

（二）核心素养的内涵发展：多维度、深层次地剖析

1. 整体性

核心素养是一个多维度、综合性的概念框架。它超越了传统知识或技能的单一范畴，广泛涵盖了知识、技能、情感、态度和价值观等多个层面。这种整体性不仅体现了学生在学习过程中的全面成长，更强调了人的全面发展的重要性。核心素养的稳定性为学生个体发展奠定了坚实的基础，而其开放性和发展性则意味着核心素养能够随着学生经验的积累和社会的变迁而不断丰富和完善，呈现出一种动态平衡的状态。

2. 情境性

核心素养的培养与真实情境密不可分。情境学习作为一种高效的教学模式，通过让学生在真实的任务情境中获取知识、应用知识，实现了知识、情境和学习者经验的深度融合。这种情境性不仅有助于学生将所学知识灵活应用于实际问题的解决中，还能有效激发学生的学习兴趣和动力，提升学习效果。同时，情境学习还能培养学生的创新思维和问题解决能力，使他们在面对复杂多变的现实挑战时能够从容应对，展现出强大的适应性和创造力。

3. 学科特性

每门课程都蕴含着其独特的核心素养，这些核心素养是学科育人价值的直接体现。以英语课程为例，其核心素养涵盖了语言能力、文化意识、思维品质和学习能力等多个方面。这些核心素养不仅凸显了英语学科的特点和育人目标，还为学生未来的学习和生活提供了宝贵的支持和保障。同样地，数学、科学、艺术等其他学科也都有其独特的核心素养，这些核心素养共同构成了学生全面发展的基石。

4. 动态性与终身性

核心素养的培养是一个持续不断、与时俱进的过程。它关注学生的当前发展，更着眼于他们的未来成长。在这个日新月异的时代，核心素养需要不断更新和完善，以适应社会发展的新需求。同时，核心素养的终身性也强调

了它在个体一生中的重要作用。通过核心素养的培养，学生能够具备持续学习的能力和全面发展的素质，为未来的职业生涯和人生道路奠定坚实的基础，实现个人价值和社会价值的双重提升。

5. 结构性与系统性

核心素养的提出是对传统教育目的的一次深刻整合和全面提升。它超越了"双基"和"三维目标"的局限，构建了一个更加完整、系统的教育目标体系。在这个体系中，核心素养不仅关注知识的获取和技能的培养，更注重学生的情感、态度和价值观的塑造。同时，核心素养还强调了学习经验的结构化，即通过学习内容的有机整合和学习方式的优化组合，形成具有内在联系和逻辑结构的学习经验体系。这种结构性和系统性不仅提高了学生的学习效率和学习质量，还促进了他们的全面发展，为培养具有创新精神和实践能力的新时代人才奠定了坚实的基础。

二、我国核心素养的发展

在我国，学生发展核心素养的提出，标志着教育领域对于学生能力培养和品格塑造的全新认识与定位。这一核心理念强调，学生不仅应掌握必要的知识与技能，更应具备能够适应终身发展和社会变迁的必备品格与关键能力。经过核心素养课题组长达三年的深入研究与精心打磨，并在教育部基础教育课程教材专家工作委员会的严格审议下，我国学生发展核心素养的"路线图"得以最终确立，为教育工作者提供了明确的指导方向。

（一）核心素养遴选原则：科学严谨，与时俱进

在确立学生发展核心素养的过程中，课题组严格遵循了四大遴选原则，确保核心素养体系的科学性与实用性。

1. 时代性

核心素养的选定紧密贴合了当前时代的发展脉搏，深入分析了未来社会对人才的多元化需求，确保学生所培养的能力与品格能够顺应时代潮流，满

足未来社会的挑战。

2. 基础性

核心素养被视为学生全面发展的基石，涵盖了语言、思维、情感、道德等多个维度的基础能力，为学生后续的学习与生活奠定了坚实的基础。

3. 发展性

核心素养的培育是一个持续的过程，随着学生年龄的增长和认知能力的提升，核心素养的内涵与要求也应相应进阶，以适应学生不同阶段的发展需求。

4. 全面性

核心素养体系注重学生的全面发展，不仅关注知识与技能的培养，更强调情感态度、价值观以及社会责任感的塑造，力求培养德智体美劳全面发展的新时代青年。

（二）核心素养总体框架：三层架构，相辅相成

我国学生发展核心素养的总体框架由文化基础、自主发展、社会参与三大层面构成，这三者之间既相互独立又紧密相连，共同支撑起学生核心素养的完整体系。

1. 文化基础

作为核心素养的根基，文化基础强调学生应具备深厚的人文底蕴和科学精神。通过广泛的人文知识学习和科学素养的培养，学生能够更好地理解世界、感悟人生，形成正确的世界观、人生观和价值观。

2. 自主发展

自主发展关注学生个体成长的内在动力与机制，强调学生应学会学习、健康生活。这要求学生具备主动的学习意识、科学的学习方法以及良好的生活习惯，能够自主规划人生、管理情绪、保持身心健康。

3. 社会参与

社会参与是核心素养体系的重要组成部分，它要求学生具备责任担当和

实践创新的能力。通过参与社会活动、承担社会责任、解决实际问题等实践过程，学生能够培养起强烈的社会责任感和使命感，同时锻炼出创新思维和解决问题的能力。

（三）核心素养基本内涵：六大素养，全面发展

在深入研究和广泛征求意见的基础上，核心素养课题组最终确定了六大学生核心素养作为具体培养目标。

1. 人文底蕴

人文底蕴是强调学生在人文领域的知识积累、情感熏陶和审美体验。通过深入学习经典文化、理解多元文化、培养审美情趣等途径，学生能够形成独特的人文视野和深厚的人文情怀。

2. 科学精神

科学精神是学生探索未知、追求真理的重要品质。它要求学生具备理性思维的能力、批判质疑的勇气以及勇于探究的精神，能够运用科学知识解决实际问题，推动社会进步。

3. 学会学习

学会学习是学生自主学习、终身学习的关键。它要求学生掌握有效的学习方法、形成良好的学习习惯、具备自我评估的能力，能够主动获取知识、不断更新知识结构。

4. 健康生活

健康生活是学生身心健康的基础。它要求学生珍爱生命、保持积极乐观的心态、养成良好的生活习惯，能够自我管理、自我调节、自我激励，实现身心和谐统一。

5. 责任担当

责任担当是学生作为社会成员的基本素质。它要求学生具备社会责任感、国家认同感和国际理解力，能够积极参与社会事务、关心国家大事、理解国际形势，为构建和谐社会贡献力量。

6. 实践创新

实践创新是学生适应未来社会的重要能力。它要求学生具备劳动意识、问题解决能力和技术创新精神，能够积极参与实践活动、勇于尝试新事物、创造新价值，为社会发展注入新的活力。

（四）核心素养主要表现

1. 文化基础——人文底蕴

（1）人文积淀。此要点的核心在于培养学生深厚的文化底蕴。学生需广泛涉猎古今中外的人文知识，从文学、历史、哲学等多个领域汲取营养，形成对人文思想深刻的理解和把握。同时，他们应能熟练运用这些人文思想中蕴含的认识方法和实践方法，如批判性思维、历史分析等，以指导自己的学习和生活。

（2）人文情怀。这一要点强调以人为本的价值观。学生需具备尊重人、关心人的意识，能够维护人的尊严和价值，对人类的生存、发展和幸福保持高度的关切。在日常生活中，他们应能体现出对弱势群体的同情和帮助，以及对社会公正和公平的追求。

（3）审美情趣。审美情趣的培养是学生全面发展的重要组成部分。学生需积累丰富的艺术知识和技能，学会欣赏和评价各种艺术形式的美。他们应具备发现美的眼光，能在生活中发现、感知并欣赏美，同时能表达自己的审美感受，通过艺术创作来升华和拓展生活中的美。

2. 文化基础——科学精神

（1）理性思维。理性思维是科学精神的核心。学生应崇尚真知，对科学原理和方法有深入的理解和掌握。他们需尊重事实和证据，具备实证意识，以严谨的求知态度去探索未知。同时，他们应能运用科学的思维方式去认识事物、解决问题，并以此来指导自己的行为。

（2）批判质疑。批判质疑是科学探索的重要动力。学生应具有强烈的问题意识，能够独立思考、独立判断，不盲目接受现成结论。他们应能多角度、辩证地分析问题，敢于质疑权威，勇于提出自己的见解和主张。

（3）勇于探究。勇于探究是科学精神的重要体现。学生应具备好奇心和想象力，对未知世界充满探索的欲望。他们应不畏困难，有坚持不懈的探索精神，即使面对失败也能勇往直前。同时，他们应能大胆尝试新的方法和思路，积极寻求有效的问题解决方法。

3. 自主发展——学会学习

（1）乐学善学。乐学善学是自主学习的前提。学生应能正确认识和理解学习的价值，对学习充满热情和兴趣。他们应能养成良好的学习习惯，掌握适合自己的学习方法，并能在学习过程中不断调整和优化。同时，他们应具备终身学习的意识，将学习视为一种持续不断的过程。

（2）勤于反思。反思是提升学习效果的关键。学生应具有对自己的学习状态进行审视的意识和习惯，能够定期回顾和总结自己的学习经历，从中汲取经验和教训。他们应能根据不同情境和自身实际，灵活选择或调整学习策略和方法，以提高学习效率。

（3）信息意识。在信息时代，信息意识尤为重要。学生应能自觉、有效地获取、评估、鉴别和使用信息，具备数字化生存的能力。他们应能主动适应互联网等社会信息化发展趋势，熟练运用信息技术来辅助学习和生活。同时，他们还应具备网络伦理道德与信息安全意识，确保在信息时代中安全、合规地获取信息。

4. 自主发展——健康生活

（1）珍爱生命。珍爱生命是健康生活的基石。学生应深刻理解生命的意义和人生价值，具备安全意识和自我保护能力。他们应能掌握适合自身的运动方法和技能，养成健康文明的行为习惯和生活方式，以维护自己的身心健康。

（2）健全人格。健全人格是健康生活的内在支撑。学生应具备积极的心理品质，如自信、自爱、坚韧、乐观等。他们应能调节和管理自己的情绪，具备抗挫折能力，以应对生活中的各种挑战和困难。

（3）自我管理。自我管理是健康生活的关键能力。学生应能正确认识与评估自我，根据自己的个性和潜质选择适合的发展方向。他们应能合理分配和使用时间与精力，确保各项任务和学习目标得到有效完成。同时，他们还应具备达成目标的持续行动力，不断追求进步和成长。

5. 社会参与——责任担当

（1）社会责任。社会责任是公民的基本素养。学生应自尊自律、文明礼貌、诚信友善、宽和待人，具备社会责任感和公民意识。他们应能孝亲敬长、感恩社会，积极参与公益活动和志愿服务，展现出敬业奉献的精神。同时，他们还应能明辨是非、遵守法律法规，积极履行公民义务并理性行使公民权利。

（2）国家认同。国家认同是民族精神的体现。学生应具有强烈的国家意识，了解国情历史并认同国民身份。他们应能自觉捍卫国家主权、尊严和利益，具备文化自信并传承弘扬中华优秀传统文化。同时，他们还应了解中国共产党的历史和光荣传统，热爱党、拥护党，并自觉践行社会主义核心价值观。

（3）国际理解。国际理解是全球化时代的必备素养。学生应具有全球意识和开放的心态，了解人类文明进程和世界发展动态。他们应能尊重世界多元文化的多样性和差异性，积极参与跨文化交流并增进相互理解。同时，他们还应关注人类面临的全球性挑战，理解人类命运共同体的内涵与价值，为推动构建人类命运共同体贡献力量。

6. 社会参与——实践创新

（1）劳动意识。劳动意识是实践创新的基础。学生应尊重劳动并具备积极的劳动态度和习惯，他们应能熟练掌握一定的劳动技能并积极参与家务劳动、生产劳动等实践活动。在劳动过程中，他们应能不断改进和创新劳动方式以提高劳动效率，并具备通过诚实合法劳动创造成功生活的意识和行动。

（2）问题解决。问题解决是实践创新的核心能力。学生应善于发现和提出问题并具备解决问题的兴趣和热情，他们应能根据特定情境和具体条件选择制订合理的解决方案，并具备在复杂环境中灵活应对和解决问题的能力。通过不断的问题解决实践，他们将逐渐提升自己的创新思维和问题解决能力。

（3）技术运用。技术运用是实践创新的重要手段。学生应理解技术与人类文明的紧密联系并具备学习掌握技术的兴趣和意愿，他们应能运用工程思维将创意和方案转化为有形物品或对已有物品进行改进与优化。通过技术的运用和创新，他们将能够开拓新的领域并推动社会的进步和发展。

（五）核心素养的特点

核心素养，作为新时代教育理念的精髓，是一个多维度、深层次、综合性的概念体系，它不仅局限于知识技能的传授，更是对学生全面发展的一种深刻诠释与追求。以下是对核心素养各个方面的进一步阐释与深化：

1. 在目标定位上

核心素养旨在回答"教育应如何塑造人"的根本性问题，它超越了传统教育对单一能力或技能的关注，转而聚焦于学生全面素质的培养。这种教育理念与我国传统文化中"教人成人""成人之学"的育人智慧不谋而合，强调在教育过程中不仅要传授知识，更要引导学生形成正确的价值观、积极的态度和高尚的品德，为培养德智体美劳全面发展的社会主义建设者和接班人奠定坚实基础。

2. 在性质界定上

核心素养是每个学生不可或缺的共同基础，是支撑个体终身发展、适应社会变革的核心能力。这些素养不是孤立存在的，而是相互关联、相互促进的有机整体。它们既包括了基本的认知能力和技能，也涵盖了情感、态度、价值观等非物质层面的要素，共同构成了个体综合素质的基石。核心素养的提出，不仅是对教育目标的明确，也是对教育质量的提升，更是对国际教育趋势的积极响应。

3. 在内容构成上

核心素养是一个多维度、多层次的复合体。它不仅包含了传统意义上的学科知识和技能，更强调了跨学科的综合运用、创新思维的培养以及情感态度的熏陶。这种综合性的内容设计，旨在打破学科壁垒，促进学生的全面发展，培养其解决实际问题的能力，使教育更加贴近生活、服务社会。

4. 在功能价值上

核心素养兼具个人发展与社会进步的双重意义。对个人而言，核心素养的获得是提升自我、实现价值的关键；对社会而言，则是推动文明进步、促进和谐发展的重要力量。核心素养的培养，不仅能够帮助学生更好地适应未来社会的挑战，还能够激发其创新潜能，为社会的发展贡献智慧和力量。

5. 在培养路径上

核心素养的形成是一个长期、复杂的过程，需要家庭、学校、社会等多方面的共同努力。教育过程中，应注重学生的主体性和实践性，鼓励学生通过自主探究、合作学习等方式，不断积累经验、提升能力。同时，教师也应转变角色，成为学生学习的引导者和伙伴，共同探索核心素养的培养之道。

6. 在评估机制上

核心素养的测评应坚持定性与定量相结合的原则，既关注外显的行为表现，也重视内隐的情感态度和价值观。通过多元化的评价方式，如观察记录、作品展示、情境模拟等，全面、客观地反映学生的核心素养水平，为教育决策和教学改进提供科学依据。

7. 在架构构建上

核心素养应充分考虑个体与文化、社会、自我的互动关系。通过整合不同领域的知识、技能和情感态度，形成一个既具有普遍性又富有特色的核心素养体系。这一体系应既能够反映国际教育的先进理念，又能够体现我国教育的独特优势。

8. 在发展特性上

核心素养具有终身发展的连续性和阶段性特征。它要求教育者根据学生的年龄特点和认知水平，制定科学合理的培养计划，确保核心素养的培养既能够贯穿学生的整个学习生涯，又能够在不同阶段取得显著的成效。

9. 在作用发挥上

核心素养的各个要素之间不是孤立的，而是相互关联、相互作用的。在教育实践中，应注重核心素养的整合性运用，通过创设真实情境、开展实践活动等方式，让学生在实际操作中体验、感悟核心素养的价值，从而培养其综合运用知识、解决实际问题的能力。这种整合性的作用发挥，不仅能够提升学生的综合素质，还能够促进教育教学的创新与发展。

第四章　中小学课程改革的目标、内容与价值精神

第一节　中小学课程改革的目标

一、教会学生学习，使学生形成积极主动的学习态度

（一）有利于培养学生的基础性学力、发展性学力和创造性学力

基础教育作为人生教育的起点，其重要性不言而喻。那么，基础教育究竟应该为孩子奠定什么样的基础？这是当前基础教育改革面临的核心议题和严峻挑战。对此问题的深入探讨，直接体现在课程设计理念上，它成为教育改革者表达教育理想、追求教育目标的重要途径。

纵观全球，各大教育体系都在积极探索"什么样的知识最有价值"，并以此作为课程设计的基石。知识不仅仅是信息的堆砌，更是智慧的火花、性格的塑造者和价值观的引导者。正如古语所言，"读史使人明智，读诗使人聪慧，演算使人精密，哲理使人深刻，道德使人高尚，逻辑修辞使人善辩"。知识的真正价值，在于它如何启迪我们的智慧，如何塑造我们的性格，如何引导我们形成正确的价值观。

然而，传统的知识观往往将知识本身视为学习的终极目标，忽视了知识运用的重要性。在这种观念下，课程设计往往偏重知识的灌输和储存，而忽视了学生精神世界的丰富和个性的发展。学生虽然学到了大量的知识，但却往往无法将其应用于实际生活中，导致知识与实践的脱节。

因此，课程改革必须打破这种传统知识观的束缚，将知识学习与学生的精神世界相融合，培养学生的基础性学力、发展性学力和创造性学力。基础性学力是学生掌握基本知识和技能的基础；发展性学力则是学生在不断学习中提升自我、拓展视野的能力；而创造性学力则是学生运用所学知识进行创新、创造的能力。只有这三者相辅相成，学生才能在未来的学习和生活中游刃有余。

（二）让学生在学习知识的同时学会学习

在过去，知识被视为推动社会进步的重要力量，"知识就是力量"这一观念深入人心。然而，在知识爆炸的信息时代，仅仅依靠学校里学到的知识已经无法满足社会的需求。更重要的是掌握学习的方法，培养自主学习的能力，这样才能驾驭日新月异的知识海洋的力量。

教学实践证明，当学生在活动中掌握了探索新知识的方法后，他们解决问题的能力会显著提高，学习也会变得更加主动和高效。然而，传统的教育观念却将教师和教科书视为知识和信息的唯一来源，将课堂视为知识学习的唯一场所。这种观念导致了教学中的一系列问题：教师总是处于教学的中心地位，学生则处于被动接受的地位；教师总是无所不知，学生则一无所知；教师总在思考，学生则无需思考；教师总是讲授，学生则只需听讲；教师制定规则，学生则只需遵守。

这种"教师讲，学生听；教师写，学生抄；教师问，学生答"的教学模式严重限制了学生的主动性和创造性，导致学生学习效率低下，课业负担沉重。为了改变这一现状，我们必须改进教学方法，培养学生的自主学习能力，使他们学会学习。只有这样，学生才能在学习过程中发挥主动性，学得轻松、学得愉快；他们的个性、特长才能得到自由发展；他们的素质才能得到全面提高。

为了实现这一目标，我们必须转变教育观念，将学生视为学习的主体，而教师则是学习的引导者和辅助者。教师应该带领学生走向知识，而不是将知识强加给学生。同时，教师还应该放手让学生去尝试、去探索、去创新，让他们在求知的道路上成为真正的主人。当然，这并不是说学生就不需要教师的指导了。相反，学生在自主学习的过程中仍然需要教师的引导和支持。教师应该根据学生的实际情况和发展规律进行教学设计，为学生提供必要的帮助和指导。

总之，培养学生的独立学习能力是教育改革的重要目标之一。只有当学生具备了独立学习的能力后，他们才能在未来的社会中立足并发展。虽然教育的周期很长，学生学习能力的形成和学习品质的培养也不是一朝一夕之事，但只要我们坚定信念、充分相信学生、按学生的发展规律进行教学，那么培养出有文化素养、有高尚道德、有创造性、会独立学习的学生是完全可能的。

（三）培养学生积极的情感态度和正确的价值观

情感态度和价值观是知识传授背后更为深远且宝贵的财富。新课程体系在设计中显著加强了对基本观念、态度的培育，巧妙地在教材中融入了理想与道德观念、纪律与法治意识、民主参与精神、使命与责任担当等多重维度。这些要素不仅丰富了课程内容，更在潜移默化中引导学生树立正确的世界观、人生观和价值观。

课程目标被赋予了更加全面而深刻的内涵，它不仅涵盖了基础知识和基本技能（诸如数学计算、实验操作等），还深入到了思维能力与思维习惯、情感态度、价值观、行为习惯等更为广阔的领域。具体而言，新课程着重培养学生的以下六个方面能力：

1. 能获取并处理信息

包括熟练运用图书馆资源、参考书籍、电脑数据库，以及商业和政府机构的公开资料等，以培养学生的信息素养和独立研究能力。

2. 培养清晰而严谨的思维

涉及语义分析、逻辑推理、数学运算、编程技能、预测方法以及创造性思维的锻炼，旨在提升学生的问题解决能力和创新思维。

3. 实现有效沟通

通过公开演讲、肢体语言、语言艺术、视觉艺术（如绘画、摄影、制片）以及图形设计等多种方式，增强学生的表达能力和沟通技巧。

4. 理解人类生存环境

涵盖物理学、化学、天文学、地质学、生物学、生态学等自然科学领域，帮助学生建立对自然世界的科学认知和保护意识。

5. 洞察人与社会的关系

通过人类学、社会学、心理学、法律、职业变迁、人类发展等社会科学内容，加深学生对社会结构、文化传承和个人角色的理解。

6. 提升个人能力

关注身心健康、生存技能、安全教育、财务管理、学习策略、记忆技巧、自我激励与自我认知等，为学生的全面发展奠定坚实基础。

新课程体系在继承"双基"教学优良传统的同时，更加注重情感、态度在学生价值观形成中的关键作用，强调课程内容的时代性和前瞻性，通过精选和更新基础知识与技能，着重培养学生的基础性、发展性和创造性学力，进而促进学生的综合素质和创新实践能力的提升。

二、加强课程整合，构建均衡、综合、可选择的课程体系

1. 重建课程结构，强化课程的整体性与连贯性

重建课程结构是课程整合的首要步骤，要求我们从根本上审视现有课程体系，打破传统学科界限，促进知识的交叉融合。通过设计模块化、层次分

明的课程体系，我们能够更有效地整合各类课程资源，形成紧密相连的知识网络。同时，注重课程内容的连贯性和递进性，确保学生在学习的每个阶段都能逐步深化对知识的理解，形成系统的知识体系。

在重建过程中，还需充分考虑学生的个性化需求，提供多样化的学习路径和选修课程，让学生根据自己的兴趣和特长进行选择，实现个性化学习。此外，利用现代信息技术，开发在线课程、虚拟实验室等新型教学资源，为学生提供更加灵活、便捷的学习方式，拓宽学习渠道。

2. 确保课程的均衡性、综合性和选择性

新课程结构应充分体现德、智、体、美、劳全面发展的教育理念，通过科学合理地设置学科，确保各学科之间保持均衡的比例，实现知识的全面覆盖和均衡发展。在学科内容的安排上，既要注重知识的深度与广度，又要考虑学生的实际需求和兴趣点，处理好学科分化与综合的关系，使学科知识更加贴近学生的生活实际。

为体现课程的选择性，新教材应根据不同地区、不同学校的实际情况，编写具有地方特色的教材版本，满足不同地区学生的学习需求。同时，新一轮课程教材应及时删减过时、落后的内容，补充新的知识和研究成果，降低必修课程的学习负担，特别是对于那些在社会生活中应用较少、难以激发学生兴趣或过于艰深的理论知识，应进行适当的删减和调整。

例如，在历史学科中，可以大幅减少具体知识点的数量，提供一个更为宏观的历史框架，让学生在学习过程中能够抓住历史发展的主线，形成对历史的整体认识。同时，增加选修课程和活动课程的比例，让学生在自己感兴趣的领域进行深入研究，发挥特长，实现个性化发展。通过这样的课程设计，不仅能够激发学生的学习兴趣，还能够培养他们的创新精神和实践能力，为未来的学习和生活打下坚实的基础。

3. 开设综合课，增设综合实践活动，全面体现课程的综合性

课程改革的一个重要里程碑在于，它打破了传统单科性课程的界限，积极整合相关学科，形成了更具综合性的课程体系。例如，在小学和初中阶段，

音乐和美术课程被巧妙地融合为艺术课，而初中则新设了艺术、科学等跨学科的综合课程。这些综合课程的诞生，不仅丰富了课程内容，更在教学方法和理念上带来了革新。

与此同时，课程改革还特别增设了综合实践活动课，这一举措在小学和初中阶段都得到了体现。综合实践活动课涵盖了研究型学习、社区服务以及社会实践等多个方面，旨在通过一系列实践活动，让学生亲身体验知识的应用，培养他们的创新精神和实践能力。这种课程模式的出现，无疑为学生的学习生活增添了新的色彩，也为他们未来的全面发展奠定了坚实的基础。

综合课程的核心优势在于其打破了学科之间的壁垒，使学生能够从更广阔的视角去审视和解决问题。通过解决真实且复杂的现实问题，学生不仅能够发展出对事物的整体认识，还能够锻炼他们综合运用知识解决问题的能力。此外，综合课程还通过整合相关学科的内容，避免了教学内容的重复和割裂，使得教学内容更加精炼、有序，从而有效减轻了学生的学习负担，提高了学习效果。

小学和初中的综合实践课，更是以其独特的魅力，成为了培养学生创新精神和实践能力的重要平台。这些课程不仅取代了传统的活动课，更在为学生提供社区服务和社会实践机会的同时，增强了学校与社会、与生活的紧密联系。通过参与这些活动，学生不仅能够丰富自己的学习经验，还能够培养出实事求是的科学态度，以及综合运用所学知识解决实际问题的能力。

展望未来，基础教育的教学将更加注重综合性。在更新教学内容、构建自然科学与社会科学的综合课程方面，我们将力求减少课程门类，为学生创造更多自学和实践的时间和空间。同时，我们也将对现有的分科课程进行改革，加强其内容的综合性，淡化学科壁垒，强调各科与现实生活的紧密联系。

三、关注学生的学习经验和兴趣，为其未来发展奠定基础

为了改变课程内容难、繁、偏、旧以及过于注重书本知识的现状，我们将加强课程内容与学生生活以及现代社会科技发展的联系，深入关注学生的

学习兴趣和经验，精心挑选包括信息技术在内的终身学习必备的基础知识和技能。

1. 紧密贴合学生的真实生活，高度重视学生的经验兴趣

新课程内容的改革，将针对现行课程内容中存在的难、繁、偏、旧等问题进行重点突破。我们深知，现行教材的学科体系和内容往往陈旧过时，与现代科学水平之间存在较大的差距，且缺乏足够的弹性和灵活性。通过对比国内外中小学教材，我们不难发现，在同等教育阶段，我国教材的知识点往往偏多偏难。

更为严重的是，现行课程内容往往远离学生的现实生活和社会实践。在现代社会，人们对学校的期望越来越高，然而学校却似乎离真实生活越来越远。渐渐地，人们似乎形成了一种错误的共识：学习只是发生在学校课堂里的事情，而完全忽略了生活情境这一重要的学习舞台。

然而，当我们以更加宽广的视野去审视课程学习时，却越来越感受到源自生活情境的学习所蕴含的丰富意义。因此，新课程内容的改革将更加注重与学生的现实生活相结合，让学生在生活中学习、在学习中生活。

2. 确保课程内容与学生的现实生活和社会实践紧密相连

课程是学生的课程，是面向学生的课程。我们深知，源于真实生活情境的学习会使学生受益匪浅，而远离真实生活情境的学习则可能使学生感到迷茫和困惑。因此，新课程内容的改革将力求使课程内容与学生的现实生活和社会实践紧密相连，让学生能够在解决实际问题的过程中学习、成长。

那么，为什么会出现面向学生的课程却脱离学生实际生活世界的现象呢？这主要是因为教材预先选择的或教师补充的教学内容往往不符合学生的兴趣（尤其是他们当时的兴趣），而学生感兴趣的问题（特别是他们在生活、学习过程中随时随地产生和发现的、急于想知道或解决的问题）却往往无法及时纳入到课程与教学过程中来。于是，教师便不自觉地扮演了一个尴尬且奇怪的角色：一方面，他们常常需要采用置之不理、转移注意或许下空愿等"策略"来压低学生已经表现出来的探究欲望和热情；另一方面，他们又要想

方设法调动学生对另一个问题或事物的兴趣和学习积极性。有时甚至会出现这样的情况：被教师"压下去"和"调起来"的兴趣所指向的内容，在对学生学习与发展的价值上并无本质区别。然而，对于这种现象，却很少有人感到奇怪或不适。新课程内容的改革将彻底改变这一现状，确保课程内容与学生的现实生活和社会实践紧密相连，让学生的学习更加有意义、更加有效。

大多数教师对课程与教学的认识，往往局限于一种较为传统且固化的模式，具体体现在以下几个方面：

（1）他们通常认为，存在一个预先设定好、完整无缺的课程计划，以及各种详尽的课程标准。这些计划和标准不仅明确了课程目标、内容、进度，还精细地分配了课时，仿佛为整个教学过程铺设了一条既定的轨道。教师只需沿着这条轨道前行，无需过多思考或创新。

（2）在教材与教学资源的准备上，教师往往依赖于教材编写专家和教研人员的设计。这些专家和人员会精心设计出具体的课程，编写出详尽的教材和教学参考资料。教师的主要任务，就是从这些已经设计好的教学活动中进行选择和重组，甚至有些"教材"已经细致到了为每周、每天、甚至上、下午或每节课都安排了具体的教学内容。这种高度的预设性，虽然方便了教师的教学，但也在一定程度上限制了他们的创造性和灵活性。

（3）在教学模式上，许多教师倾向于采用"目标模式"。他们会将课程计划或当地教育部门规定的教学目标进行层层分解，制定出学年、学期、月乃至周的具体目标。随后，根据这些详尽、具体、具有可操作性的教育目标，选择相应的教学内容，并精心设计教学活动的每个步骤、每个环节。最后，这些计划会被详细写成教学计划（教案），成为教师课堂教学的"圣经"。

（4）在这种模式下，教师的作用往往被简化为严格执行计划。他们需要根据既定的教案，"引导"学生像计划中预想的学习者那样去"参与"和"活动"，以确保既定目标的实现。虽然教师在执行过程中也会根据实际情况进行微调，但这种调整往往是在不改变计划基本思路、内容和程序的前提下进行的。否则，就会被视为"跑题儿"，没有完成教学任务。这种程式化的课程和教学模式，虽然体现了学校教育"有计划"的特性，但也严重禁锢了教师的创造性，使得他们难以将与学生现实生活密切相关的事件灵活融入课程教学之中。同时，这种教学模式也不利于学生实践能力的培养，与"十六大"提出的教育要"与生产劳动和社会实践相结合"的要求相悖。

3. 注重课程内容的现代性和开放性

新教材在编写过程中，高度重视课程内容的现代性和开放性。各科教材都加大了拓展内容的来源和范围，力求构建一个开放、多元的教材内容体系。这些教材不仅提供了丰富多样的与学生生活背景紧密相关的素材，还充分考虑了信息技术发展为教材内容拓展带来的新机遇，使教材内容呈现出新颖、即时的特点。

例如，在小学数学教材中，特别突出了数学与实践的紧密联系，通过展示数学问题的社会实践背景，让学生深刻理解数学的应用价值。初中理科教材则密切联系学生的生活实际以及新兴科技领域的发展，体现了科学与社会发展的密切关系以及科学发展的新成果。同时，这些教材还注重从学生的经验出发，拓宽学生的视野，培养他们的科学素养。在历史教材中，注意反映为学术界所公认的史学和考古学新成果，使学生能够及时了解到历史研究的最新进展。地理教材则尽可能多地联系学生的生活实际，体现地理学的实用价值和人文价值，引导学生学习生活中的地理知识，培养他们对终身发展有用的地理素养。

新教材还非常重视展示教材内容和更广阔信息资源之间的开放性联系。通过打破教材内容的局限性，贯通课程内外，使学生能够在更广阔的语境中理解和应用所学知识。例如，在语文教材中，重视沟通教科书内外、课堂内外与学校内外的联系，使语文学习与其他课程的学习相互融合、相互促进。这种开放性的教材设计，有助于培养学生的综合素养和跨学科能力。

四、倡导主动学习、勤于动手，培养学生解决问题的能力

为了改变过去过于强调接受学习、死记硬背、机械训练的教学现状，新

教材积极倡导学生主动参与、乐于探究、勤于动手的学习方式。这种学习方式强调学生在教师的指导下，结合社会实践进行主动、富有个性的学习。通过质疑、调查、探究等实践活动，培养学生的搜集和处理信息能力、获取新知识能力、分析和解决问题能力以及交流与合作能力。

1. 变死记硬背、机械训练为学生主动参与

要克服传统教学中的弊端，我们必须对教学方式进行深刻的变革。教学过程应该变成师生交往、共同发展的互动过程，而不是教师单向传授知识的过程。在处理传授知识与发展能力的关系时，我们应注重培养学生独立自主的学习能力，引导他们质疑、调查、探究，从而激发他们的学习兴趣和求知欲。同时，我们还要积极创设有利于引导学生主动参与的教育环境，通过"讲练结合"的方式，激发学生学习的主动性和积极性。在这个过程中，教师要充分发挥学生的主体作用，鼓励他们动手操作、实践探索，培养他们掌握和运用知识的能力。通过这样的教学改革，我们才能真正培养出具有创新精神和实践能力的人才。

2. "接受式学习"和"发现式学习"互补，充分体现"探究"的价值

一般来说，发现式学习相较于接受式学习，确实需要投入更多的学习时间。然而，这种在有指导的发现学习中获得的科学概念，学生能够理解得更加深入，记忆也更为持久。更为重要的是，这种主动学习的"探究过程"本身，对学生而言具有无可替代的价值。它不仅能够锻炼学生的探索技能，还能促进他们自我澄清与反思，培养与他人协作的能力，以及收集、整理信息的能力。同时，这一过程还能有效保护学生的好奇心，激发他们的探究兴趣。这些宝贵的品质，只有在亲身参与的"探究过程"中才能逐渐形成，而在传统的"接受式学习"中则难以培养。

当然，我们并非要全盘否定接受式学习的价值。接受式学习同样能够为学生提供科学概念的结论，但它却未能给予学生一个完整的探究经历，从而使学生错失了培养科学精神、科学观念以及科学方法的机会。尽管如此，我们也不应期望将每一个科学概念的学习都设计成一场学生的"探险之旅"。

然而，通过精心挑选一些具有代表性的范例或专题，引导学生进行深入的研究和探索，却是完全可行的。新一轮义务教育课程教材改革正是致力于为学生创造更多这样的探究机会和经历，以期将创新精神和实践能力的培养真正落到实处。

以小学自然课程与教材为例，其特别强调科学探究学习方式的运用，并加大了对能力培养的重视程度。人教版小学自然教材的课文结构便是一个很好的体现：它首先从学生熟悉的生活和生产实践中出发，通过观察、实验、游戏、谈话等多种方式引导学生了解事实，并鼓励他们提出问题；随后，再进一步引导学生通过更加深入的观察、实验、讲述、阅读等活动，逐步获得问题的结论；最后，则引导学生将所学的知识和能力应用于解决实际问题中，如举例、判断、解释、预测、设计、制作等。

这一典型的探究学习过程，充分展示了知识学习的动态性和生成性。知识的呈现并非一开始就给出结论，而是在教师的精心引导和帮助下，学生在生活的具体情境中通过主动探索逐步得出结论。在这一过程中，学生的观察、实验、记录实验数据、交流科学发现以及提出假设、分析推理等能力都得到了充分的锻炼和发展。能力培养的奥秘就在于能力的使用，只有为学生提供使用能力的机会，能力才能得到真正的提升。通过这样的学习过程，学生不仅掌握了科学知识，而且对知识的理解更为深刻，同时也在这一知识的主动学习过程中锻炼了能力、发展了自我。

然而，我们也应清醒地认识到，并非所有知识的学习都适合设计成主动探索的过程。特别是在初中阶段，许多知识的学习往往需要从直接了解结论开始。此外，像历史、地理等学科所提供的知识，往往是一系列的事实和记录，有些内容可能无法再现，或者没有条件进行直接观察。因此，在强调探究学习和发现学习的同时，我们也不能忽视接受学习的地位和价值。

3. 研究型学习将成为学生学习的重要形式

随着新课程标准的颁布与实施，改变学生的学习方式被置于了教育的突出位置。为了培养学生的创新精神和实践能力，新课程标准为学生创设了大量富有调研性、探究性和实践性的学习活动。这些学习活动不仅内容丰富、形式多样，而且紧密联系学生的生活实际和社会热点，极大地激发了学生的学习兴趣和探究欲望。其中，不乏一些典型且精彩的研究性学习案例，它们为基层教师提供了宝贵的启示，也为课堂教学改革与创新拓展了广阔的空间。

长期以来，一提及"学习"，许多学生的脑海中就会浮现出"读书""练习""做习题""测验""考试"等刻板印象。这种单一、被动的学习方式，导致学生缺乏自主探索、合作学习、独立获取知识的机会，严重制约了他们的全面发展。据教育部基础教育司调查组的调查结果显示，我国义务教育阶段的教与学方式，仍以被动接受式为主。具体表现为：课堂教学以教师讲授为主，学生很少有机会通过自己的活动与实践来获取知识、获得发展；依靠学生查阅资料、集体讨论为主的学习活动寥寥无几；教师布置的作业多以书面习题和阅读教科书为主，实践性作业如观察、制作、实验、课外阅读、社会调查等则相对较少；学生在课堂上很少有发表自己看法与意见的机会，课堂教学往往围绕"课堂、教师、课本"三个中心展开，忽视了对学生创新精神和实践能力的培养。这种单一、被动的学习方式不仅使学生感到枯燥、乏味，而且加重了他们的学习负担，亟需得到改变。

因此，我们倡导学习方式的多样化，鼓励现实的、有趣的、探索性的学习活动成为学生学习的主要形式之一。研究性学习作为一种全新的学习方式，强调学生的主体地位，鼓励学生通过自主探究、合作交流等方式来解决问题、获取知识。这种学习方式不仅能够激发学生的学习兴趣和求知欲，还能够培养他们的创新精神和实践能力，为他们的未来发展奠定坚实的基础。

五、注重过程评价，发挥评价的发展功能

在新课程改革中，评价体系的改革同样至关重要。为了改变过去过分强调评价的甄别与选拔功能，我们需要充分发挥评价促进学生发展、教师提高和改进教学实践的功能。

1. 学生不仅是课程评价的对象，更是课程评价的主体

传统的课程评价往往将学生视为被评价的对象，忽视了他们在评价中的主体地位。新课程理念强调"学生是教学活动的主体"，因此，在课程评价中，我们也应尊重学生的主体地位，让他们参与到评价中来。然而，过去由于对学生发展指标的认识不清，以及缺乏有效的评价方法，导致课程评价往往偏重考查学生对书本知识的掌握情况，忽视了他们的创新意识、创造能力以及其他方面的发展。为了改变这一状况，我们需要构建全面科学的评价体系，明确学生发展的指标，找到评价学生情感、个性等方面发展的有效方法，从而让学生真正成为课程评价的主体。

2. 强化过程评价和评价的教育发展功能，评价方法和手段多元化

新课程标准强调了过程评价的重要性，以及评价对学生发展的促进作用。为了强化这一过程，各学科课程标准普遍淡化了终结性评价和评价的筛选功能，转而注重过程评价和评价的教育发展功能。在评价方法和手段上，也呈现出多元化的趋势。例如，通过课堂观察、作业分析、口头报告、小论文、成长记录袋等多种方式，全面、真实地反映学生的学习情况和发展状况。这些新颖、活泼的评价方式，不仅能够激发学生的学习兴趣和积极性，还能够促进他们的全面发展。同时，评价体系也包含了三个不同的体系：一是促进学生全面发展的发展型评价体系，它关注学生的多方面发展，包括语言、数理逻辑以及自我心理调适、处理人际关系等；二是促进教师不断提高自身水平的评价体系，通过多渠道获取评价信息，激发教师的自我提升动力；三是促进课程本身不断完善的评价体系，通过师生、家长的反馈意见，对课程进行持续改进和优化。

3. 改淘汰性课程评价为发展性课程评价

传统的课程评价往往具有淘汰性，即通过对学生的学业成绩进行排名或筛选，来决定他们的升学或留级。这种评价方式不仅给学生带来了巨大的压力，也违背了教育的初衷。新课程评价体系则坚持评价主体的多元化和评价方式的多样化，鼓励校长、教师、学生、家长和社会各方面参与到评价活动

中来。通过评价，我们不仅要关注学生的学业成绩，更要关注他们的学习态度、学习方法、情感体验以及实践能力等方面的发展。同时，评价也要成为教育、指导和提高的过程，通过反馈和建议，帮助学生认识自我、发展自我，激发他们的学习积极性和自信心。在评价过程中，我们既要关注结果，也要重视过程；既要进行定量评价，也要进行定性评价。通过这样的评价方式，我们才能够真正实现教育的目标，促进学生的全面发展。

第二节　新课程的主要内容及其特点

一、新课程的主要内容

1. 根据均衡性、综合性与选择性原则，全面重构新课程结构

新一轮的课程结构改革，其核心目标在于构建一个更加均衡、综合且富有选择性的课程体系。这一改革主要通过三个核心方面来推进。

首先，我们致力于建立一种由分科课程、综合课程以及综合实践活动课程共同构成的新课程结构。在这一结构中，课程设计紧密围绕学生的学习态度与能力培养这两大主线，精心挑选那些对于终身学习与发展至关重要的基础知识与基本技能，同时努力使教育内容贴近现代化需求，与社会经济以及学生的日常生活紧密相连。我们强调实践与探究的重要性，并为学生提供广博的科学知识背景，以拓宽他们的视野。

其次，改革致力于调整必修课与选修课的比例，特别是要加强选修课程的建设。选修课程的开设将充分考虑学生的兴趣与个性化需求，利用地方与校本课程的时间资源，为学生提供更多元化的学习选择。此外，我们还特别注重加强普通教育与职业技术教育的紧密联系。在农村初中，我们将推行"绿色证书"教育及其他职业技术培训，使学生能够获得双证，即学历证书与职业资格证书。而在城市中学，我们也将开设一系列适合学生需求的职业技术

课程，以满足社会对多元化人才的需求。

2. 制定并实施全新的课程标准

国家课程标准作为对基础教育课程的基本规范与质量要求，具有举足轻重的地位。它不仅是教材编写、教学实施、评估以及考试命题的重要依据，也是国家管理与评价课程的基础。在新一轮的课程改革中，我们将原有的教学大纲转变为课程标准的形式，以更好地适应时代发展的需求。课程标准将从知识与技能、过程与方法、情感态度与价值观这三个维度全面阐述各科课程的目标，强调每一科课程对学生终身学习与发展的重要性。

与以往的教学大纲相比，课程标准更注重学生经验、学科知识与社会发展三方面的整合，遵循学生身心发展的规律，突出课程为学生发展服务的核心理念。通过这一转变，我们期望能够引导教师更加关注学生的全面发展，而不仅仅是知识的传授与技能的训练。

3. 全面优化课程实施（教学）的过程

教学是课程实施的关键途径，因此教学改革在课程改革系统工程中占据着举足轻重的地位。没有教学改革的配合，课程改革最终可能只是停留在教科书的更替上，而无法真正实现其应有的价值。我们将围绕教与学两个方面展开深入探讨，推动教学规范的转型与重建，重新界定教、学、教材、教师与学生的概念，强调学习方式的转变与创新。

同时，我们还积极倡导信息技术在教学过程中的广泛应用，利用现代信息技术手段来丰富教学方式与方法，提高教学效率，改善教学效果。通过这一系列的改革措施，我们期望能够构建一个更加开放、多元、互动的教学环境，激发学生的学习兴趣与主动性。

4. 严格规范教材的开发与管理流程

鉴于我国的教育理论背景与实践传统，教科书在当前阶段仍然是课程的核心因素。因此，在新一轮的课程改革中，我们将对教材的开发与管理进行严格的规范。我们将坚持"抓大放小"的原则，制定具有开放性的课程计划框架，并为教科书的"一标多本"提供前所未有的课程开发平台。

这将有助于推动教科书的多样化发展，满足不同地区、不同学校、不同学生的需求。

同时，我们还将建立严格的教科书编写资格认定制度与审定制度，确保教科书的质量与水平。此外，我们还积极倡导社会各界学有专长的人士参与到教科书的编审中来，共同推动教材的创新与发展。通过这些措施的实施，我们期望能够打造一批高质量、有特色的教科书，为学生的学习与发展提供有力的支持。

5. 构建发展性课程评价体系以促进学生全面发展

从某种程度上说，课程评价的指导思想应当是"创造适合儿童的教育"，而非仅仅是为了"选拔适合教育的儿童"。然而，在当前的中小学实践中，许多评价做法仍然受到传统考试观念的影响，过于注重甄别与选拔功能，而忽视了评价的发展性价值。为了改变这一现状，新课程将致力于建立符合素质教育思想的评价与考试制度。

我们将倡导评价的发展价值以及对课程本身的改善价值，构建一种发展性的课程评价体系。这一体系将注重评价的多元化与全面性，关注学生的个体差异与成长过程。通过实施这一评价体系，我们期望能够激发学生的学习兴趣与积极性，促进他们的全面发展与成长。同时，我们也希望通过这一评价体系的建立与实施，推动素质教育的深入发展与落实。

6. 构建三级课程管理体系，促进教育与地方社会经济的深度融合

为了深入贯彻《关于深化教育改革全面推进素质教育的决定》第 11 条的精神，我们致力于实现教育管理的简政放权，增强省级人民政府在发展和管理本地区教育方面的权力与统筹能力，从而确保教育与当地社会经济发展的紧密结合。在课程改革的大背景下，我们改革了过去国家过于集中的课程管理模式，转而推行一种有指导的、逐步放权的课程管理体系。

"有指导的"放权，意味着在课程改革的核心理念、培养目标、课程标准以及评价功能等关键领域，我们必须与中央保持高度一致，确保改革的社会主义教育性质。同时，我们也明确提出要尊重学生、遵循学生的身心发展

规律，并建立相应的机制来保障这些原则的实施。在课程管理、教材编写与审定等方面，我们通过制定一系列激励政策，激发地方和学校的积极性，推动课程管理权限的合理下放。

"逐步的"放权，则体现了我们对基础教育课程改革长期性和复杂性的深刻认识。面对庞大的教师队伍、地区间的巨大差异，以及课程研究开发人员的短缺和经验积累的不足，我们坚持"渐进性"作为放权过程的重要策略。这样，我们可以确保课程对不同地区、不同学校、不同学生的适应性，逐步建立起国家、地方、学校三级课程管理体系模式，并明确各级在课程管理中的具体职责。

7. 强化教师培养与培训，打造新课程实施的中坚力量

教师作为新课程实施的关键角色，其参与和理解对于改革的成功至关重要。我们深知，任何排斥教师参与的课程都无法实现改革的预期目标。因此，新课程倡导一种共建共享的文化，鼓励教师重新定位自己的角色。

在新课程背景下，教师不再是教科书的简单执行者，而是与专家、学生、家长以及社会各界共同构建新课程的合作伙伴。他们不再仅仅是"教书"的匠人，而是具备现代教育理念、掌握反思技术、善于合作与探究的教育者。为了实现这一目标，我们必须高度重视教师的培养与培训。相关的教师教育和培训机构需要为教师提供全面的培训，包括教师教育理念的更新、专业技能的提升、课程参与的途径与方法等。通过这些培训，我们将打造一支具备新课程实施能力的高素质教师队伍。

8. 精心组织与实施课程改革，确保改革平稳有序进行

为了确保课程改革的顺利进行，我们提出了"先立后破""先实验后推广"的原则。国家和各省（自治区、直辖市）都将建立课程改革实验区，积极开展新课程的实验工作。在这些实验区内，我们将分层推进、滚动发展，充分发挥其示范、培训和指导作用。

同时，对于条件尚不具备的地区，我们将继续执行现行的课程方案，并由教育部组织力量对现行教学大纲进行修订和完善，为过渡到新课程做好充

分的准备。此外，我们还建立了推动基础教育课程改革的全方位支持体系。教育部成立了基础教育课程改革专家工作组，参与课程改革的决策研究，负责新课程体系的研究和新课程实验的具体指导。同时，教育部还在部分师范大学建立了"基础教育课程研究中心"，充分发挥大学在理论研究方面的优势，为课程改革提供有力的学术支撑。

通过这些精心的组织与实施措施，我们有信心确保基础教育课程改革能够平稳有序地进行，最终实现教育的全面发展和学生的全面成长。

二、中小学新课程的特点

（一）国际视野与中国特色：新课程的全球化与本土化融合

中小学新课程在设计与实施过程中，巧妙地融合了国际视野与中国特色，体现了全球化与本土化的双重考量。一方面，新课程积极拥抱国际先进的教育理念和实践经验，如 STEM 教育（科学、技术、工程和数学教育的融合）、项目式学习等，旨在拓宽学生的国际视野，提升他们的全球竞争力。这些国际教育模式不仅为学生提供了与世界接轨的学习平台，还激发了他们对跨文化交流的兴趣和能力，为未来的国际舞台培养了具备全球视野的人才。

另一方面，新课程也深深扎根于中国的国情和文化传统之中，注重培养学生的社会主义核心价值观，弘扬中华优秀传统文化。通过课程内容的设计，新课程让学生深入了解中国的历史、文化和社会现状，增强他们的民族自豪感和文化自信。在国际交流中，学生能够自信地展现中国风采，讲述中国故事，成为中华文化的传播者和践行者。

这种国际视野与中国特色的有机结合，使得新课程既具有国际前沿性，又保持了鲜明的中国特色，为培养具有国际竞争力和民族情怀的新时代青少年提供了有力支撑。

（二）课程的继承与创新：传统与现代的交融

新课程在继承传统教育精华的基础上，进行了大胆的创新与改革，实现了传统与现代的交融。新课程保留了传统课程中对学生基础知识和基本技能培养的重视，这是教育连续性和稳定性的重要体现。同时，针对现代社会对人才的需求变化，新课程增加了创新思维、实践能力、信息素养等现代教育元素，旨在培养学生的综合素质和创新能力。

此外，新课程还注重课程内容的整合与跨学科融合，打破了传统学科之间的壁垒，促进了学生综合素养的提升。这种跨学科的教学方式不仅让学生掌握了更全面、更系统的知识，还培养了他们的综合思维能力和解决问题的能力。

新课程的继承与创新并重理念，既保持了教育的连续性和稳定性，又能够适应时代发展的新要求，为培养适应未来社会的高素质人才奠定了坚实基础。

（三）注重合作、对话和探究的课程文化：新课程的深层变革

新课程不仅关注课程内容的改革，更注重营造一种合作、对话与探究的课程文化，实现了课程改革的深层变革。

1.合作文化：共建共享的课程生态

新课程强调课程的开放性，认为每一位儿童都是一个完整的生命体，其发展需要多人合作才能实现。同时，由于儿童之间存在差异，他们的发展主要取决于有差异的课程。然而，传统学校制度和课程分化的倾向导致了教师行为的"个人专业主义"，与教育的合作需求产生了矛盾。

为解决这一矛盾，新课程倡导共建共享的课程文化。在这一文化下，专家、教师、学生及其家长、社会人士都是合作共同体的一分子，他们共同参与课程的建设和分享。新课程特别强调学生家长的合作，要求家长明确自己的角色定位，认识到自己也是课程改革或学校教育共同体中的一员，享有对

学校课程的知情权、评价权与建议权。家长应通过观察或了解自己子女的学习需求、态度以及素质报告单来评价学校课程的质量，并与学校或教师保持经常性联系，共同为孩子的成长贡献力量。

2. 对话文化：课程的民主与协商

课程本身就是一种对话，是所有与课程利益相关的人员或部门之间的沟通与协商。新课程在国家标准制定时，特别强调对话与协商的重要性。通过创造各种机会，让课程专家、学科专家、教师、社会人士代表等共同参与对话，确保课程内容的科学性和民主性。

同时，新课程将"课程标准"视为文本，要求专家、教师、学生及其他相关人士不断解读并与之"对话"。这种对话文化不仅体现在课程标准的制定上，还贯穿于整个课程实施过程中。通过对话与协商，新课程确保了课程内容的合理性、适用性和前瞻性。

3. 探究文化：课程的科学性与创新性

探究是新课程的核心理念之一。新课程强调课程的科学性，认为适合儿童的课程需要多代人前赴后继、不懈地持续探究。从课程目标的确定到内容的选择与组织、实施再到课程评价，每一个环节都需要不断地探究才能做出科学的决策。

在课程实施过程中，教师面对的是活生生的、具有个体差异的学生。这种专业特性决定了教师必须具备探究精神，根据课堂情境进行灵活调整。新课程倡导教师在教学过程中不断探究、创新，反对先验主义和本本主义。同时，新课程还鼓励在不同层面进行课程创新，包括国家层面的课程管理体制创新、地方与学校层面的因地制宜创新以及课堂层面的创造性教学。

通过营造合作、对话和探究的课程文化，新课程实现了对传统教育模式的深层变革。这种变革不仅体现在课程内容的更新上，更体现在教育理念的转变和教育方式的革新上。新课程为培养具有创新精神、实践能力和国际视野的新时代青少年提供了有力保障。

第三节　基础教育课程改革的价值精神

一、课程价值概述

基础教育课程改革，作为教育改革的核心环节与驱动力，其深远意义在于通过优化教育资源的配置与利用，全面提升教育质量，从而更加精准地满足学生个性化发展的需求，推动社会的持续进步与创新。课程价值，作为这一改革的灵魂所在，不仅为改革指明了方向，更深刻地塑造了改革的内容与形态。它不仅是教育目标设定的基石，更是教育内容精选、教学方法创新以及教育评价体系构建的内在依据，构成了基础教育课程改革不可或缺的核心要素与灵魂支柱。

课程价值的多元性特征，要求我们在课程改革中不仅要关注学生的知识积累与技能提升，更要重视其情感态度的培养、价值观的塑造，以及创新精神与实践能力的激发。这意味着课程改革在内容设计上必须打破传统单一的知识传授模式，转而构建一个涵盖知识、技能、情感态度、价值观等多维度的综合教育体系，以期实现学生全面而和谐的发展。同时，课程价值的层次性也提醒我们，不同学段、不同学科乃至同一学科内的不同教学内容，都可能承载着各自独特的价值追求与教育意义。因此，在基础教育课程改革的实践中，我们必须细致入微地明确各学段、各学科及具体教学内容的价值定位与目标，确保课程价值的精准实现与深度渗透。

为了实现课程价值的最大化，我们需要汇聚多方面的力量与智慧。教育行政部门应发挥引领作用，制定科学、合理且具有前瞻性的课程政策，为课程改革提供坚实的政策保障与清晰导向；学校作为课程改革的直接实践者，应积极响应政策号召，勇于探索与创新，不断优化课程设置、丰富教学内容、革新教学方法与评价机制，使课程真正成为促进学生全面发展的有效载体；

而教师，作为课程实施的关键一环，更需不断提升自身的专业素养与教育情怀，深刻领悟并准确把握课程价值，将其内化于心、外化于行，贯穿于教育教学的每一个环节之中。

更为重要的是，基础教育课程改革的价值精神并非静止不变，而是随着时代的发展与社会的进步而不断演变与升华。因此，在推进改革的进程中，我们必须保持开放的心态、敏锐的洞察力与灵活的应变能力，及时捕捉时代变迁对教育提出的新要求、新挑战，不断调整与优化课程价值体系，确保其始终与社会发展的脉搏同频共振，为培养适应未来社会需求的优秀人才奠定坚实的基础。

二、课程的价值取向

1. 知识本位的价值取向及其深远影响

知识本位的倡导者坚定地认为，知识是引导人类生活的灯塔，是塑造个体思维与行为的基石。他们主张，教育应当牢牢扎根于知识的本质及其无可替代的重要性之上，而非仅仅迎合儿童的短暂喜好、社会的即时需求或政治家的主观意愿。因此，课程的构建必须严格遵循知识的内在逻辑与结构，确保知识的系统性和连贯性。

在这一理念指导下，知识本位的课程观强调根据知识的分类以及知识间的内在联系来精心组织教学内容。每一部分知识的学习都被视为通往更深层次知识理解的必经之路，是后续学习的必要"准备"。教师们常常以此为依据，评估学生在特定学习阶段是否已打下坚实的基础，是否已做好迎接更高级别知识学习的准备。这种以知识掌握为核心的教育质量评判标准，在实践中得到了广泛应用。

知识本位价值取向的合理性，在很大程度上源于教育系统相对封闭的历史背景以及知识界对真理的不懈追求。在教育实践中，教师作为知识传授的主体，往往容易认同并践行这一价值观，因为他们深知知识对于个人成长和社会进步的重要性。同时，知识界长久以来形成的追求真理、不畏强权的传统，也为知识本位课程价值观提供了坚实的文化基础。这种价值观不仅在教育领域产生了深远影响，更在推动社会文明进步方面发挥了重要作用。即使在当今社会日益强调功利性的背景下，知识本位的课程价值观依然保持着其独特的魅力和影响力。

2. 社会本位的价值取向及其平衡之道

与社会本位课程取向相对应的是，它强调教育应紧密围绕社会（特别是国家、民族及社区）的发展需求来设计与实施。在这一理念下，教育目标的设定、课程的规划与组织以及教育质量的评估，都应以满足社会需要为核心导向。泰勒模式作为这一价值观的典型代表，通过明确教育目标、构建课程体系并依据目标实现程度来评判课程质量，为学校教育实践提供了有力的指导。

随着教育理论与实践的不断发展，泰勒模式及其后续的各种改进与变体如系统分析模式、CFP 模式、CSE 模式等，均在不同程度上深化了对社会需要的关注。这些模式通过系统分析、综合评估等手段，确保教育内容与方式能够与社会发展的实际需求紧密相连。然而，在强调社会需要的同时，这些模式也暴露出了对个体发展关注不足的局限性。

为了克服这一局限，我们在构建学校课程体系时应当寻求一种平衡之道。既要充分考虑社会发展的需要，确保教育能够为社会进步提供有力支撑；又要充分尊重学生个体的成长规律与多样性，关注学生的认知发展、情感培育、兴趣激发、特长挖掘以及意志品质塑造等多个方面。具体而言，学校课程应致力于培养学生的综合素养，如批判性思维、创新能力、团队合作精神及社会责任感等，同时为学生提供多样化的学习路径与发展空间。通过整合社会资源、优化课程内容与教学方法以及建立全面、客观的教育评价体系，我们可以实现社会需要与个体发展的和谐统一，为学生的全面发展与社会进步奠定更加坚实的基础。

3. 学生本位的价值取向：教育的核心转型与未来展望

学生本位的课程价值取向，是当代教育改革中的重要里程碑，它从根本上颠覆了传统教育中以知识传授为中心的模式，转而将学生这一学习的主体置于教育的核心位置。这一取向不仅仅是一种理念上的转变，更是教育实践中的深刻革命，它要求教育应全面尊重并顺应学生的本性、真实需求与潜在能力，致力于将学生塑造成为全面发展、具备独立思考能力和创新精神的独立个体，而非仅仅作为社会经济发展的工具或人力资源的储备。

在学生本位的课程观念下，每一位学生都被视为独一无二的宝贵生命体，他们拥有自己独特的人格特质与尊严，无论其知识基础、能力水平或个性特点如何，都应得到教育系统的同等尊重与深切关怀。课程设计与实施因此需具备高度的灵活性与个性化，充分考量学生的个体差异与内在需求，为每位学生提供量身定制的学习路径，鼓励他们根据自己的兴趣、特长及潜能自由发展。这样的教育，才能真正成为助力学生实现自我价值、绽放独特光彩的坚实桥梁。

当学生成为课程的真正中心，教育便不再是机械的知识灌输或技能训练，而是一场充满无限可能与活力的个性化成长旅程。在这样的教育环境中，学生的个性将得到充分释放与展现，潜能将被深度挖掘与激发。每位学生都能在自己内心目标的引领下，勇敢地探索未知领域，不断挑战自我极限，从而实现个人价值的最大化与自我超越。

学生本位的课程价值观进一步强调，学校课程的价值远不止于知识的积累与技能的掌握，更在于促进学生人格的健全发展、个性的自由解放与全面成长。因此，课程设计应深刻体现对人的关怀，密切关注学生的情感体验与心理需求，通过构建富有启发性、挑战性与创造性的学习环境，有效激发学生的学习动力与热情，培养其批判性思维能力、创新意识及团队协作精神。

此外，学生本位的课程观还着重指出，学生的理智发展、心智成熟与完善，远比单纯追求短期的功利目标更为重要。在教育实践中，应高度重视学生内在学习动机的激发与维持，鼓励学生主动探索、勇于尝试与创新，使学习成为一种源自内心的愉悦体验而非外在强加的负担。同时，人格的塑造与品德的培育也是学生本位课程不可或缺的重要组成部分。通过系统的道德教育、审美教育及社会实践等途径，帮助学生树立正确的世界观、人生观与价值观，为其未来的全面发展与终身学习奠定坚实而稳固的基础。

综上所述，学生本位的课程价值取向不仅是对传统教育模式的深刻反思与革新挑战，更是对现代教育本质的精准把握与本真回归。它倡导以人为本的教育理念，致力于培养具有独立思考能力、创新精神及健全人格的未来公民，为构建更加公平、包容、创新的教育体系指明了方向，也为培养能够引领未来社会发展的高素质人才奠定了坚实的基础。

第五章　中小学课程改革与学科体验式教学

第一节　语文学科体验式教学

一、语文学科体验式教学的功能

（一）培育人文素养

1. 增强人文意识：体验式教学的深层启迪

人文意识，作为人文素养的基石，是人们在实践活动中不可或缺的精神指引。它如同航海中的灯塔，为人们的行动提供明确的方向和动力。在语文这一人文学科的教学中，增强人文意识显得尤为重要。体验式教学，作为一种创新的教学模式，正是实现这一目标的有效途径。

在传统的教学模式下，学生往往处于被动接受知识的地位，他们的思维被"师道尊严""唯书""唯上"等观念所束缚，难以发挥出自身的主动性和创造性。而体验式教学则打破了这一僵局，它强调以学生为中心，通过创设各种情境，让学生亲身体验、感受知识的魅力，从而激发他们的学习兴趣和求知欲。

在体验式教学中，教师不再是单纯的知识传授者，而是变成了情境的创设者、学习的引导者和情感的共鸣者。他们通过精心设计的教学活动，让学生在轻松愉快的氛围中学习，感受到自己的价值和尊严。这种教学方式让学生意识到，自己不仅是学习的主体，更是课堂的主人，从而增强了他们的人文意识。

体验式教学还赋予了学生更多的学习自由度和自主感。它鼓励学生根据自己的兴趣和需求进行探索和学习，不再受制于固定的教学计划和教材。这种自主性的学习方式，让学生能够更好地发挥自己的潜能，实现自我激励、自我约束和自我完善。这种自我意识的觉醒，是实现人文价值的重要一步，也是学生成长为具有独立思考能力和创新精神的人才的关键。

2. 丰富人文观念：体验式教学的深度滋养

人文观念，作为人文素养的核心，是一个动态发展且逐步深化的认知体系。它不仅仅停留在意识层面，更需要通过实践活动来不断锤炼和升华。在语文教学中，通过体验式教学来丰富学生的人文观念，是一种行之有效的策略。

体验式教学通过情境构建、深度体验与全面发展这三个核心要素，为学生提供了一个全方位、多维度的学习空间。在这个空间里，学生不仅能够感知到语文知识的魅力，更能够深入到语文文化的内核，体悟到中华民族的精神内涵与力量。这种深度的体验和感悟，是学生形成丰富人文观念的重要基础。

然而，当前的语文教学在引导学生深度体验与感悟方面还存在诸多不足。课堂时间的有限性、教学内容的单一性以及教学方式的刻板性，都限制了学生人文观念的形成和发展。为了改变这一现状，我们需要借助更加有效的体验式教学策略。

这就要求教师站在"传承民族血脉"的高度，以神圣而深远的责任感引领学生进行深入、全面的体验。他们应该充分挖掘语文教材中的文化资源，通过生动的历史故事、感人的人物传记、优美的诗词歌赋等，让学生感受到中华民族的精神风貌和文化底蕴。同时，教师还应该关注学生的日常生活和情感体验，引导他们将所学知识与现实生活相结合，形成更加深刻和稳固的人文观念。

中国悠久的历史文化中蕴含着丰富的人文精神，这些精神支柱构成了中华民族的灵魂。在体验式教学中，我们应该将这些人文精神融入教学的每一个环节，让学生在潜移默化中受到熏陶和感染。通过关爱他人、乐于奉献的公德意识培养，开拓创新、勇于拼搏的进取精神激发，以及全心全意为人民服务的大公无私品质塑造等，让学生的人文观念得到全面的丰富和提升。这样，我们的语文教学不仅能够培养出具有扎实语文功底的人才，更能够培养出具有高尚人文情怀和强烈社会责任感的新时代青年。

（二）优化三维目标

1.“知识与能力”根基更深厚，应用更自如

在传统语文教学实践中，过度强调工具性往往导致知识与能力成为学习的唯一焦点，且这种学习多以灌输和被动接受为主，形成了所谓的“伪体验”。这种模式下，学生虽然能熟练掌握知识点，应对考试，但真正能将所学应用于实际生活和情境中的能力却大打折扣。体验式教学的引入，为知识与能力的掌握开辟了新的路径。其核心在于“亲历”，即学生通过直接参与、实践探索来获取知识和技能，这种经历不仅加深了理解，还增强了记忆，使得知识与能力更加牢固地扎根于学生心中。

以词汇学习为例，传统的死记硬背方式虽然能让学生在短时间内记住词义，但在实际交流中却难以灵活运用。体验式教学则鼓励学生将新学的词汇与自己的生活经历、情感体验相结合，通过角色扮演、情境对话等方式，让学生在真实的语境中运用词汇，从而真正将知识转化为能力。同样，在习作教学中，通过让学生参与实践活动，如观察自然、体验生活，然后撰写文章，不仅能激发学生的写作兴趣，还能让他们在实践中领悟“凤头”等写作技巧的精髓，使知识与能力的掌握更加深入且实用。

2. "过程与方法" 体验更全面，路径更明晰

体验式教学强调学生在完整、真实的情境中进行全方位、多层次的体验。这种体验不仅涉及感官的参与，如看、听、说、做，还要求学生调动已有的知识、经验和情感，进行深度思考和感悟。在语文教学实践中，这意味着学生不再只是被动地接受教师的讲解，而是成为学习的主体，通过朗读、讨论、表演等多种形式，深入文本，理解作者意图，形成自己的独特见解。

体验式教学的开放性和动态性，使得每个学生都能根据自己的兴趣、能力和经验，选择不同的学习路径和方法。在这个过程中，学生不仅学会了如何学习，还学会了如何与他人合作、如何批判性思考，这些过程与方法的掌握，对于他们的终身学习至关重要。相比之下，传统的接受式和启发式教学方式，虽然也能传授知识和方法，但往往缺乏足够的个性和深度，难以满足学生多样化的学习需求。

3. "情感、态度和价值观" 培养更丰富，视角更多元

新课程标准强调情感、态度和价值观的培养，这是学生全面发展不可或缺的一部分。体验式教学在这方面具有独特优势，它不仅关注学生的知识掌握和能力提升，更重视学生的情感体验、态度形成和价值观塑造。通过参与各种实践活动，学生能够亲身体验到成功的喜悦、失败的挫折、合作的乐趣和竞争的压力，这些经历对于培养他们的积极情感、正确态度和科学价值观至关重要。

在体验式教学中，学生的情感体验是丰富而深刻的。他们不仅能在活动中感受到个人的成长和进步，还能学会理解他人、尊重差异、欣赏多元文化。同时，通过参与社会调查、环保行动等实践活动，学生能够深刻认识到个人价值与社会价值的统一，科学价值与人文价值的融合，以及人类价值与自然价值的和谐共存。这种多元的视角和深刻的体验，有助于学生形成全面、健康、积极的人格特质，为他们未来的社会生活和职业发展奠定坚实的基础。

二、语文学科体验式教学的类型

（一）阅读体验式：深化文本理解，构建个性化意义

阅读体验式是语文体验式教学的核心组成部分，它强调学生通过将文本意义与自身经验相融合，来构建新的、具有个性化的自我意义。这种教学方式不仅关注学生的知识输入，更重视他们在阅读过程中的情感体验和思维发展。

课文，作为学生言语学习和人文素养培育的重要载体，应当被置于赏析的视角下进行教学。边读边悟赏析法和边写边悟赏析法，作为阅读体验式教学的两种具体策略，各有侧重，相辅相成。

边读边悟赏析法注重在口语情境中通过师生、生生之间的互动来深化阅读体验。这种策略鼓励学生以多种形态进行阅读，如自助式读悟让学生自主选择阅读内容；辐射式读悟则引导学生从一点出发，辐射至全文，深入理解文本；问题式读悟通过提问引导学生思考，激发他们的求知欲；资料辅助式读悟则利用外部资源帮助学生更好地理解文本背景和意义。这些阅读方式不仅拓宽了体验的广度，还增加了体验的深度。

边写边悟赏析法则要求学生以书面的形式表达他们的阅读体验。这种策略要求学生具备更高的语言表达能力，能够清晰地阐述自己的感受和见解。由于每个人的感受都是独特的，因此这种写作方式能够真正体现出学生的个性化体验。无论是通过比较、抒情还是引经据典，学生都能找到适合自己的表达方式，使阅读体验更加深刻和持久。

（二）活动体验式：拓展语文实践，提升综合素养

活动体验式是语文体验式教学的另一种重要类型，它强调通过课外语文实践活动来提升学生的语文素养。这种教学方式不仅丰富了学生的学习内容，还为他们提供了更多实践机会，使他们在活动中不断提升自己的综合能力。

1. 文本拓展式活动体验：深化理解，自主探究

文本拓展式活动体验通过多元解读和语文素养的综合性，为文本的拓展提供了无限可能。学生可以从作者、作品、不解之谜或文本实际意义等多个角度出发，选择自己感兴趣的主题进行拓展。这种拓展活动不仅有助于学生完成规定的阅读量，还能通过活动体验的过程，使学生在情境中获得阅读方法的指导，积累人文素养，从而提高阅读的品质。最重要的是，这种拓展活动能够激发学生的自主探究精神，使他们在不断探究中深化对文本的理解，形成自主体验情境。

2. 生活语文式活动体验：贴近生活，感悟语文魅力

生活语文式活动体验强调语文学习与生活实践的紧密结合。通过学习生活中的语文现象，学生能够感受到语文的鲜活存在，体悟到语文给生活带来的情趣。要开展这种活动体验，教师需要具备敏锐的洞察力，能够发现并捕捉生活中的语文因子，然后组织主题活动让学生展开体验。比如，通过班级小记者活动、远足旅游写游记、街头卖报和规范错别字等活动，学生能够在实际生活中运用语文知识，提高听说读写能力和思维能力，同时还能培养其社会责任感、热爱自然、热爱祖国的情感以及参与社会活动的意识。

3. 想象创造式活动体验：释放天性，激发创造潜能

想象创造式活动体验为学生提供了更大的自由空间。通过联想和幻想，学生能够创造出新的人、事、物，使读者产生亦真亦幻的感觉。这种创造过程不仅是对现实的改造，更是对超越现实的追求。学生可以在这一过程中释放自己的天性，激发创造潜能，培养创新思维和想象能力。这种活动体验不仅有助于提升学生的语文素养，还能为他们的全面发展奠定坚实基础。

综上所述，不同的体验式教学类型各有侧重，但在实际教学中，我们应根据学生的实际需求和教学目标，灵活选择并综合运用这些策略，以达到最佳的教学效果。

三、语文学科体验式教学的策略

（一）回归生活，深化感悟，让语文教学与生活紧密相连

生活是语言的源泉，也是理解语言、感悟生活的钥匙。在语文教学中，只有充分激活学生已有的生活经验，引导他们将生活体验与文本语言相融合，才能缩小生活与文本之间的距离，使学生在阅读与生活、课内与课外的互动中，不断增强体验，深化感悟。

1. 运用生活经验，唤醒内心体验

小学语文教材中的课文，大多以生活为蓝本，描绘了一幅幅生动的生活画卷。虽然学生可能并未亲身经历课文中的每一个场景，但在他们丰富多彩的生活中，总能找到与课文相似的画面或意境。教师可以通过巧妙地提问，引导学生回忆生活，唤醒他们内心深处的体验，从而将抽象的语言文字转化为具体的语言形象，再进一步升华为个人的独特感受。

以《妈妈睡了》一课中的"红润"一词为例，教师通过询问学生在生活中是否见过红润的脸蛋，引导学生回忆并分享自己的亲身经历。这种教学方式不仅让学生理解了"红润"的含义，还让他们在阅读中找到了与生活的共鸣，使文本的解读更加生动、深刻。

2. 展开实践操作，激活亲身体验

活动是儿童的天性，也是他们认识世界、改造世界的重要方式。在语文教学中，通过组织实践活动，如动手实验、操作制作、游戏互动等，可以让学生亲身体验知识，增强学习与生活的联系。这种教学方式能够激发学生的多种感官和思维活动，使他们在实践中感受情境、揣摩心理、体验情感，从而加深对文本的理解和感悟。

例如，在学习与季节相关的课文时，教师可以组织学生走出教室，观察四季的变化，感受自然的美妙。这样的实践活动不仅丰富了学生的生活体验，还为他们提供了理解文本、表达情感的素材和灵感。

（二）创设情境，诱发情感，让语文教学充满情感色彩

情感是体验的核心和灵魂。在语文教学中，通过创设情境，可以激发学生的情感体验，使他们更加深入地理解文本、感受情感。

1. 在语言渲染中，营造情感氛围

教师的语言具有强大的感染力，能够直接触动学生的心灵。在教学过程中，教师通过富有情感色彩的语言描绘，可以准确地传递情感信息，创设出浓郁的情感氛围。这种氛围能够激发学生的情感共鸣，引导他们走进文本、亲历事情、感受场景，从而加深对文本的理解和感悟。

比如，在教授《桂林山水》一课时，教师可以通过生动的语言描绘桂林山水的秀美风光，让学生仿佛置身于那如诗如画的境界之中，感受大自然的鬼斧神工和作者的深情厚谊。

2. 在现场表演中，体验角色情感

表演是儿童的天性，也是他们理解文本、表达情感的重要方式。通过角色扮演，学生可以深入文本、感受角色、体验情感，从而加深对课文的理解和感悟。在教学过程中，教师可以根据课文内容，组织学生进行课本剧表演或情景剧创作，让学生在表演中体验角色的喜怒哀乐、悲欢离合。

以《狐假虎威》一课为例，教师可以引导学生通过角色扮演来感受狐狸的狡猾和老虎的愚蠢。在表演过程中，学生不仅能够加深对课文内容的理解，还能够通过亲身体验来感受角色的心理状态和情感变化。

3. 在感受形象中，深化情感体验

文学作品往往通过生动的形象来传达作者的情感和思想。然而，由于小学生阅历有限、学识尚浅，有时难以仅凭文本就形成清晰、丰富的形象。因此，教师需要借助多种手段来帮助学生感受形象、深化情感体验。

比如，在学习《草原》一课时，教师可以通过展示草原的图片、播放草原的音乐、讲述草原的故事等方式来帮助学生感受草原的辽阔壮美。同时，教师还可以引导学生结合自己的生活经验来想象草原上的生活场景和人物

形象，从而更加深入地理解文本、感受情感。这种教学方式不仅能够丰富学生的想象力，还能够培养他们的审美能力和情感素养。

（三）激发想象，联结意境：深化理解，丰富体验

语言文字，作为思想的载体和情感的桥梁，其描绘的表象结构虽不具备直接的可感性，却蕴含着无限的想象空间。读者需借助联想与想象的翅膀，将那些抽象、枯燥的符号转化为栩栩如生、情感丰富的画面，从而在这一过程中深化理解、丰富体验。

1. 补白创造中的体验深化：填补空白，赋予生命

在文学作品的广阔天地里，作者常巧妙地留下"空白"，如同画布上的留白，等待着读者用想象的色彩去填充。这些空白不仅是作者意图的微妙体现，更是激发读者创造力的源泉。在教学过程中，教师应敏锐捕捉这些空白点，鼓励学生大胆想象，以个人的理解和情感去填补这些空白。通过补充细节、丰富情节、塑造形象等创造性活动，学生不仅能让文本更加饱满生动，还能在补白的过程中深化对文本主题、人物性格以及情感氛围的理解。这种体验深化，如同为文本注入了新的生命，使学生在与文本的互动中收获更多的感悟与启迪。

2. 诵读涵泳中的情感体验：沉浸其中，感悟真谛

诵读涵泳，是一种近乎仪式化的阅读实践。它要求读者全身心地投入，通过眼观文字、耳听音韵、口诵词句、心悟意境，实现对文本的全方位感知。在这个过程中，学生不仅是在阅读文字，更是在与文本进行心灵的对话。他们通过细致的揣摩、推敲与咀嚼，逐渐走进文本所营造的情境之中，感受其中的情感波动与思想深度。诵读涵泳不仅让学生获得了对文本情境的直观感受，更激发了他们内心深处的情感共鸣，使他们能够通过想象还原文本所描绘的鲜活形象。这种全身心的投入与体验，有助于学生生成独特的感悟，丰富他们的精神世界。

3. 换位思考中的情感迁移：设身处地，共鸣共生

换位思考，是一种富有同理心的阅读策略。它要求学生暂时放下自己的身份与立场，将自己完全融入文本人物的内心世界之中。通过设身处地地体验文本人物的情感与经历，学生能够更加深刻地理解他们的喜怒哀乐、悲欢离合。这种情感迁移的过程，不仅让学生与文本人物产生了强烈的情感共鸣，还帮助他们打破了自我界限，实现了与文本人物的深度交融。在这种共鸣与共生的状态下，学生不仅能够更加深入地理解文本所传达的情感与意义，还能在无形中丰富自己的情感体验与人生阅历，使阅读成为一次心灵的洗礼与成长的契机。

四、语文学科体验式教学的评价

语文学科体验式教学作为一种创新的教学模式，其核心价值在于通过实践、体验、感悟等方式，深化学生对语文知识的理解和应用，提升学生的综合素养。以下是对语文学科体验式教学的评价，旨在探讨其成效、挑战及未来发展方向。

（一）成效显著，提升学生综合素养

1. 增强学习兴趣与动力

体验式教学通过丰富多样的实践活动，如角色扮演、情境模拟、实践操作等，极大地激发了学生的学习兴趣和积极性。学生在参与过程中能够感受到语文学习的乐趣，从而更加主动地投入到学习中去。

2. 深化知识理解与运用

通过体验式学习，学生能够在具体情境中运用所学知识，深化对语文知识的理解和掌握。例如，在角色扮演中，学生需要深入理解文本中的人物性格、情感变化等，从而更加准确地把握文本内容。

3. 培养综合素养

体验式教学不仅关注学生的语文能力发展，还注重培养学生的综合素

养，如沟通能力、团队协作能力、创新思维等。这些素养的培养对于学生未来的学习和生活都具有重要意义。

（二）面临挑战，需持续优化与创新

1. 教学资源与条件限制

体验式教学的实施需要一定的教学资源和条件支持，如教学场地、教学设备、教学材料等。然而，在一些地区和学校，由于资源有限，可能难以全面实施体验式教学。因此，需要学校和社会共同努力，提供更多的资源和支持。

2. 教师能力与培训需求

体验式教学对教师的专业素养和教学能力提出了更高的要求。教师需要具备丰富的知识储备、灵活的教学方法和良好的组织能力，以应对学生在体验过程中可能出现的各种问题和挑战。因此，需要加强教师的培训和进修，提升其专业素养和教学能力。

3. 学生参与度与个体差异

在体验式教学中，学生的参与度是影响教学效果的关键因素之一。然而，由于学生的个体差异和兴趣爱好的不同，可能导致部分学生在某些活动中参与度不高。因此，教师需要关注学生的个性差异，设计多样化的活动任务，以满足不同学生的需求。

（三）未来展望，探索更多可能性

1. 加强跨学科整合

未来，语文学科体验式教学可以进一步加强与其他学科的整合，如与美术、音乐、科学等学科相结合，开展跨学科的主题活动。这样不仅能够拓宽学生的视野，还能促进学生综合素养的全面提升。

2. 利用现代技术手段

随着现代技术的发展，如虚拟现实（VR）、增强现实（AR）等，可以为

语文学科体验式教学提供更加丰富和生动的教学资源。教师可以利用这些技术手段，创设更加真实、立体的学习情境，使学生更加深入地体验和理解文本内容。

3. 注重个性化教学

在未来的语文教学中，应更加注重个性化教学，以满足不同学生的需求和兴趣。教师可以根据学生的个性特点和学习水平，设计个性化的教学方案和活动任务，使每个学生都能在适合自己的学习环境中得到充分的发展。

综上所述，语文学科体验式教学在提升学生综合素养、增强学习兴趣与动力等方面取得了显著成效，但也面临着一些挑战。未来，我们需要持续优化与创新教学模式，加强跨学科整合、利用现代技术手段、注重个性化教学等，以推动语文学科体验式教学的深入发展。

第二节　数学学科体验式教学

一、数学学科体验式教学的功能

在义务教育阶段的数学课程中，其核心宗旨在于促进学生的全面、持续及和谐发展，这既要求课程设计需兼顾数学学科的固有特性，也需紧密贴合学生学习数学的心理规律。尤为关键的是，课程应着重从学生已有的生活经验出发，引导学生亲身参与将复杂实际问题抽象提炼为数学模型，并进一步运用这些模型进行解释与应用的全过程。这一过程，实质上是鼓励学生在数学活动中积极实践与深刻体验，从而不仅掌握数学知识，更在思维能力、情感态度以及价值观等多个维度实现全面提升。

然而，传统的以传授为主的教学模式，往往呈现为一问一答、例题讲解、作业布置与完成的机械循环，虽看似高效地完成了知识传递的任务，实则忽视了学生学习过程中的实践性、探索性和自主性。在这种模式下，学生虽能习得系统知识、掌握解题技巧并取得一定成绩，但过度依赖教师和教材，导致学习主动性减弱，创新思维受限，不利于培养出具备全面发展素质的人才，也难以适应知识创新为主导的社会发展需求。

因此，要扭转这一课堂教学现状，就必须将《义务教育数学课程标准》中"以学生发展为本"的现代教育理念作为改革的基石，从根本上转变关注点，聚焦于为学生营造一个有利于学习的环境，采用灵活多样的教学策略与方法，激励学生主动参与到数学实践活动中去。通过亲自操作、探究与反思，学生不仅能够获得宝贵的学习体验，还能在此过程中不断强化思维能力，培养积极向上的情感态度，形成正确的价值观，最终实现个人全面而和谐的发展。

（一）有利于全面达成数学学科课程目标

1. 经历学习过程，深度掌握知识技能

在数学教育的广阔天地里，基础知识与基本技能构成了学生数学素养的坚实基石。教学不仅旨在让学生掌握这些必备的知识点和技能，更重要的是，通过体验式学习，使学生能够在实践中深刻理解并灵活运用它们。体验式学习作为一种超越传统填鸭式教学的新型模式，强调"在做中学"，让学生在亲身参与中感受知识的魅力。对比传统的死记硬背，体验式学习如同学会游泳或驾驶，即便长时间不复习，也能牢记于心，因为其包含了完整的感知、操作、反思与内化过程。这种学习方式不仅增强了知识的稳固性，还激发了学生的探索欲和求知欲，使学习成为一种主动追求而非被动接受的过程。

2. 开展合作交流，促进数学思维深化

数学教学不应仅仅是知识的传授，更是思维能力的培养与个性思维的塑造。通过让学生经历数学知识的形成过程，他们不仅能亲身见证数学原理的诞生，还能在探索中发现新知，培养敏锐的洞察力。体验式教学鼓励学生在课堂上进行看、摸、摆、拆、拼、折、剪、画等多种形式的感官活动，同时融入猜想、类比、分析、验证、归纳、推理等高级思维活动。真正的体验不仅是外在的操作，更是内在的思考与感悟。此外，数学建构的社会性要求学

生在合作与交流中分享个人见解，通过集体的智慧共同构建数学知识体系，这种互动不仅促进了知识的深化，还培养了团队协作能力和沟通技巧。

3. 通过问题解决，强化应用意识与实践能力

数学与生活紧密相连，学习数学的根本目的在于解决实际问题。体验式教学注重培养学生的应用意识，通过创设贴近生活的情境，引导学生从现实世界中抽象出数学问题，并运用所学知识寻求解决方案。这一过程不仅加深了学生对数学价值的认识，还锻炼了他们的问题解决能力和创新思维。教师应精心设计具有趣味性、探索性和延伸性的问题情境，鼓励学生主动探索、勇于尝试，通过亲身体验感受数学与生活的密切联系，从而激发他们对数学的兴趣和热爱。

4. 激发数学情感，塑造积极态度与习惯

数学教育的终极目标之一是让每个孩子都能在数学学习中找到成就感，体验成功的喜悦。体验式学习通过"以参与求体验"的原则，确保每个孩子都能参与到教学活动中，拥有足够的探索空间和自由表达机会。在探索过程中，学生经历的每一次尝试、每一次失败都是成长的宝贵财富，它们帮助学生理解科学的本质，培养坚韧不拔的精神和勇于探索的态度。教师应关注每一位学生的成长，确保没有孩子被忽视，适时提供必要的指导和支持，让每个孩子都能在努力后收获成果，体验到成功的喜悦，从而建立起对数学的积极情感和持久的学习动力。

综上所述，让学生经历学习的过程、获得丰富的学习体验，不仅是掌握数学基本知识、技能的关键，更是实现数学思考、解决问题、情感与态度目标的重要途径。体验式教学以其独特的魅力，为数学教学注入了新的活力，为学生的全面发展奠定了坚实的基础。

（二）能够使数学学习内容活动化

1. 创设生活情境，深度体验课本内容

现代建构主义情境认知理论明确指出，生活情境是知识经验构建不可或

缺且最为可靠的基石。它赋予了知识以生命力和实际应用价值，使得数学学习不再仅仅局限于书本上的抽象符号和公式，而是与我们的日常生活紧密相连。数学，既源于生活，又服务于生活，这一理念在新课标中得到了充分体现，它倡导"人人学习有用的数学"，鼓励将数学视为日常交流的工具，并强调从学生已有的生活经验出发来学习数学、理解数学。

以《10以内各数的认识》（人教版小学数学一年级上册）的教学为例，教师通过精心设计一节名为"数就在身边"的活动课，巧妙地将数学与现实生活融为一体。课堂上，学生们被引导用"第几排第几个"来描述自己的座位，分享家中电话号码的数字构成，数一数教室里的门窗数量，甚至清点自己书包中的文具数量，以及介绍家庭成员的构成。这些贴近生活的任务极大地激发了学生的参与热情，他们在轻松愉快的氛围中交流、分享，不仅加深了对数字的认识，更在无形中体验到了数学与生活的紧密联系，感受到了数学的乐趣和实用性。

再如，在教授六年级《利息》（人教版小学数学六年级下册）之前，教师组织了一次实地存钱活动。通过与银行工作人员的面对面交流，学生们不仅学到了储蓄的基本知识，如储蓄的种类、利率的变化等，还深入了解了降息背后的经济原理。这样的亲身体验为后续的课堂教学打下了坚实的基础，学生们在课堂上表现得更加主动、投入，对利息的计算和应用有了更深刻的理解，学习因此变得更加轻松高效。

为了更有效地实施体验式教学，我们应注重提供"生活化"的学习材料，让学生在真实的情境中体验数学。这要求我们深入了解学生的生活实际，挖掘他们感兴趣且易于理解的生活元素，将其融入教学设计中。首先，在课前准备阶段，我们要仔细研读《义务教育数学课程标准》，准确把握教学要求，对教材内容进行必要的取舍、补充和调整，确保学习材料既符合课程标准，又贴近学生生活。其次，针对一些较为抽象的学习内容，我们可以提前组织学生参观相关场所或收集生活中的数学素材，为他们提供必要的感性认识，帮助他们更好地理解和掌握数学知识。通过这样的教学方式，学生不仅能够在轻松愉快的氛围中学习数学，还能将所学知识应用于实际生活中，真正实现学以致用的目的。

2. 深入探索知识背景，激发内在学习需求

在小学数学教学中，许多看似抽象的概念、公式和法则，实则都源自生活，有其深厚的知识背景。教师应当致力于挖掘这些数学知识的源头，让学生在理解其产生原因和必要性的过程中，自然激发出内在的学习需求。以《厘米的认识》为例，教师通过让学生用不同工具测量课桌长度的活动，巧妙地引出了统一测量单位的重要性。当学生发现同样的桌子却量出了不同的结果时，他们内心会产生困惑和好奇，进而产生探索统一测量标准的渴望。这种基于实际问题的学习需求，比任何外部强加的学习动机都要强烈和持久。

在教学实践中，教师应当充分利用学生生活中的"原型"，将抽象的数学知识与具体的生活情境相结合，使学生的学习过程变得生动有趣。例如，在教授《乘法分配律》时，通过创设购买衣物的情境，让学生在计算总价的过程中自然发现两种不同计算方法的等价性，再引导学生从生活中寻找更多类似的例子，最终抽象出乘法分配律的普遍规律。这样，学生不仅掌握了数学知识，还学会了从生活中发现数学、应用数学的方法。

3. 强化实践操作指导，亲历思维发展过程

"Hands on"活动强调学生的亲身实践，是小学数学教学改革的重要方向。通过动手操作，学生可以直观地感知数学对象，亲历知识的建构过程，从而加深对数学原理的理解。教师在教学过程中，应当精心设计实践活动，让学生在操作中自主探究，体验思维的乐趣。例如，在学习几何图形时，可以让学生亲手制作各种形状的模型，通过拼接、旋转等操作，直观感受图形的性质和变换规律。这种教学方式不仅提高了学生的学习兴趣，还锻炼了他们的动手能力和空间想象力。

实践操作不仅是对知识的应用，更是对思维过程的体验。教师应当引导学生在操作中思考，鼓励他们提出问题、解决问题，从而培养他们的创新思维和解决问题的能力。同时，教师还要关注学生的操作过程，及时给予指导

和反馈，帮助他们纠正错误、完善思维。

4. 构建多元评价体系，体验挫折与成功

评价是数学教学不可或缺的一部分，它应当全面、多元、公正地反映学生的学习情况和成长历程。在评价体系中，除了关注学生的学习结果外，更要重视他们的学习过程、情感态度和价值观的养成。通过多样化的评价方法，如课堂观察、作业分析、口头报告、小组评价等，可以全面了解学生的学习状况，为他们提供个性化的指导和帮助。

在评价过程中，教师应当鼓励学生积极参与，让他们成为评价的主体。通过让学生互相评价、自我评价以及接受教师和家长的评价，可以让他们更加清晰地认识自己的优点和不足，从而树立信心、克服困难、迎接挑战。同时，教师还应当关注学生的情感体验，让他们在评价中感受到成功的喜悦和挫折的教训，培养他们坚韧不拔和积极向上的精神风貌。通过构建这样的评价体系，不仅可以增强学生的学习效果，还可以促进他们的全面发展。

二、数学学科体验式教学的类型

（一）操作类体验法

1. 动手操作体验法——"做中发现"型体验课

动手操作体验法强调学生在"做"中学习，即通过亲自动手操作来获取知识，体验发现的乐趣。这种方法不仅能让儿童在动手操作中直接获得经验，还能激发他们的思维活力，使他们在"做中想，想中学"。通过动手操作，学生可以积累大量的感性知识，同时这种学习方式还能营造一个愉悦的学习氛围，有效提升学生的学习兴趣，激发他们的求知欲。因此，多让学生动手操作是提升教学效果的关键环节，也是学生体验学习的一种重要方式。其基本操作环节包括：首先创设情境，引导学生进入学习状态；接着进行操作体验，让学生通过动手操作来感知知识；然后进行交流评价，让学生分享自己

的发现和体验；最后总结获得新知，将感性认识升华为理性认识。

在实施动手操作体验法时，教师应充分提供"做"的机会，鼓励学生动手、动脑，通过自己的实践去认识和获得知识。教师应成为学生学习的引导者和合作者，为学生提供必要的指导和支持，让他们在操作中不断尝试、探索，从而发现知识的奥秘。

2. 尝试探索体验法——"拓展想象"型体验课

尝试探索体验法鼓励学生面对数学问题时主动出击，先进行尝试和探索。教师可以通过设计开放的、有层次的数学活动，为学生提供猜测、演算、摆弄的机会，让他们在探索中初步形成对问题的认识。对于学生在探索过程中形成的不完善、不准确的认识，教师应给予肯定和鼓励，引导他们通过比较、质疑或反例来逐步完善和修正自己的认识，最终形成正确的数学结论。其基本操作环节包括：首先发现一个规律或问题；其次从多角度去探索和发现这个规律的更多表现形式；最后设计并表现出某种规律，使学生对规律有更深刻的理解和掌握。

在实施尝试探索体验法时，教师应注重培养学生的探索精神和创新思维，鼓励他们大胆尝试、勇于探索，不断挑战自己的认知极限。

3. 实践运用体验法——"用中巩固"型体验课

实践运用体验法强调学生在实践中运用所学知识来解决问题，从而巩固和加深对知识的理解。根据《义务教育数学课程标准》的要求，学生应能综合运用所学知识和技能解决问题，发展应用意识。实践是检验知识理解和掌握程度的重要途径，只有亲身实践过的知识才能更深刻地理解、更熟练地运用。因此，教师应创设自然真实的主题活动，让学生在实践中探索、发现，体验数学学习的乐趣和成功。其基本操作环节包括：首先创设实践活动情境；其次引导学生运用所学知识解决实际问题；最后让学生体验成功的喜悦，增强其学习的积极性和内驱力。

在实施实践运用体验法时，教师应注重培养学生的实践能力和应用意识，鼓励他们将所学知识应用于实际生活中，解决实际问题。

4. 课外实践体验法——"生活实践"型体验课

课外实践体验法将实践活动延伸到课外，让学生运用数学思想方法解决身边的问题。这种方法不仅满足了课堂上教学实践的需求，还拓展了学生的学习空间和时间。教师可以通过布置实践性作业的方式，安排课后的实践任务，让学生在实际生活中运用数学知识解决问题。其基本环节包括：首先出示真实问题或任务；然后引导学生提出解决策略或方案；接着让学生收集整理相关信息或资料；最后实施讨论方案并得出结论。

在实施课外实践体验法时，教师应注重培养学生的实践能力和创新能力，鼓励他们走出课堂、走进生活，运用所学知识解决实际问题。同时，教师还应关注学生的实践过程和成果，给予及时的反馈和评价，激励他们不断探索和创新。

（二）呈现类体验法

呈现类体验法，核心在于让学生亲身经历数学知识产生、形成、发展的全过程，从而深化对数学的理解和掌握。以下是几种具体的实施方法：

1. 模拟情境体验法——"情境交融"型体验课

模拟情境体验法旨在通过创设贴近学生生活的情境，激发学生的学习兴趣，引导他们主动探索数学知识。教师应根据教学内容，巧妙设计模拟活动情境，让学生在熟悉的场景中感受数学的魅力。例如，在教学《元、角、分的认识》时，可以模拟一个超市购物的场景，让学生扮演顾客和收银员，通过买卖商品来体验货币的使用和换算。其基本操作环节包括：首先模拟情境，让学生置身其中；然后独立观察，比较不同商品的价格和支付方式；接着通过比较联想，理解货币之间的换算关系；最后归纳体验，形成对元、角、分概念的深刻理解。

在实施模拟情境体验法时，教师应注重情境的趣味性和真实性，确保学生能够全身心投入其中。同时，还要通过引导性的问题和活动，帮助学生将情境中的数学元素抽象出来，形成数学知识。

2. 合作交流体验法——"交流互动"型体验课

合作交流体验法强调学生在小组或团队中通过讨论、协作来解决问题，从而学会合作、学会思考。教师应根据教学内容和学生的实际情况，设计合适的合作任务，并为学生提供充分的交流机会。例如，在教学《分数的初步认识》时，可以让学生分组讨论如何将一个整体平均分成若干份，并尝试用分数表示每一份的大小。

在合作交流过程中，教师应鼓励学生积极发言、倾听他人意见，并学会尊重、理解和接纳不同的观点。同时，还要通过适时的引导和反馈，帮助学生深化对知识的理解，提升合作技能。其基本操作环节包括：首先经历问题情境，引发学生的思考；然后组织学生进行交流讨论，分享各自的想法和解决方案；接着通过感悟和反思，深化对知识的理解；最后通过升华和总结，将所学知识内化为学生自己的认知结构。

3. 讨论质疑体验法——"交流感悟"型体验课

讨论质疑体验法旨在通过引导学生进行深入的讨论和质疑，培养他们的批判性思维和独立思考能力。教师应鼓励学生勇于发表自己的见解，同时倾听他人的想法，并学会通过合理的争辩来验证自己的观点。例如，在教学《三角形的面积计算》时，可以引导学生讨论不同形状的三角形面积是否相同，以及如何计算不规则三角形的面积等问题。

在讨论质疑过程中，教师应注重培养学生的倾听能力和表达能力，鼓励他们用准确的数学语言来描述自己的想法和观点。同时，还要通过适时的引导和反馈，帮助学生学会善待批评、审视自己的观点，并获得更正确的认识。其基本操作环节包括：首先鼓励学生发表自己的见解和疑问；然后倾听他人的想法和解释；接着展开合理的争辩和讨论；最后采纳正确的意见、改正自己的错误，并在这一过程中获得知识和能力的发展。

4. 问题解决体验法——"应用拓展"型体验课

问题解决体验法旨在通过引导学生解决实际问题来培养他们的数学应用能力和创新思维。教师应根据教学内容和学生的实际情况，设计具有挑战性和开放性的问题情境，并鼓励学生运用所学的数学知识来解决问题。例如，在教学《比例的应用》时，可以设计一些涉及比例关系的实际问题，如配制药水、绘制地图等，让学生运用比例知识来解决问题。

在问题解决过程中，教师应注重培养学生发现问题的意识和解决问题的能力，鼓励他们通过尝试、探索和实践来找到问题的解决方案。同时，还要通过适时的引导和反馈，帮助学生学会将所学知识应用于实际问题中，并拓展他们的数学思维和视野。其基本操作环节包括：首先创设问题情境，引发学生的兴趣和思考；然后引导学生发现问题并提出问题；接着鼓励学生运用所学的数学知识来解决问题；最后通过应用拓展和反思总结，将所学知识进一步深化和拓展。

三、数学学科体验式教学的策略

（一）以"生活化"学习材料为前提

体验是对学习个体全面而深刻的关注，它不仅涵盖了个体的各种生活经验、独特的思维方式，还包含了丰富的情感态度。真正有价值的学习，绝非简单地灌输知识，而是以学生个体的生活经验为基石，是学生对知识主动探索、建构的过程，更是引领学生整个精神世界发生积极变化的过程。

小学数学中的许多知识，其根源深植于生产、生活的实际需求之中。通过精心挑选材料、巧妙创设情境，我们能够引导学生在探索问题的征途中，自然而然地感受到已有知识的局限性，从而认识到学习新知识的迫切性和重要性。

为了更有效地创设贴近学生生活实际、具体且形象的问题情境，将学生的生活问题转化为数学研究的课题，进而弥补他们经验的不足，并助力他们在体验学习中收获成功，我们可以采取以下具体策略：

1. 内容取舍调整，数学学习"生活化"

我们应当培养学生用数学的视角去审视自己生活的环境与社会，学会用数学的思维方式去思考问题。教学的重点不再仅仅是向学生传授系统的数学知识，而是更多地关注如何向学生呈现具有现实背景的数学知识，包括那些在学生生活中屡见不鲜的数学现象。在深入理解《义务教育数学课程标准》的基础上，我们应勇于对现行教材内容进行合理的取舍、补充与调整，根据需要融入更多生活中的数学元素，让学生亲身体验数学的魅力。

小学数学应当成为人人都能学会的生活数学，其教学必须深深扎根于学生的社会生活之中。这意味着，学生所学的数学应当是他们在生活中能够亲眼目睹、亲耳听闻、亲身感受到的，也应当是他们在数学学习过程中能够深入思考或亲手操作的，属于思维层面的现实。因此，我们提供给学生的学习素材应当尽可能地源自生活，源自学生身边那些可以直接接触到的事物和现象。在课堂教学中，教师要善于捕捉生活中的数学现象，联系生活中的实际画面，设计出生动有趣的数学情境，将数学知识巧妙地融入学生的生活实际之中，让学生深切地感受到数学的可亲、可感、可用。

2. 加强实践活动，丰富感性认识

由于学生的经历和野外活动相对较少，导致他们的"事实经验"相对匮乏。然而，这种"事实经验"却是引发学生情感体验的宝贵"材料"。因此，在教学中，我们应当注重实践，多创设那些贴近学生生活实际、具体且形象的问题情境，以弥补学生"事实经验"的不足。在教授这些知识之前，我们可以组织学生参与一些实践活动，收集生活中相关的数学素材，为教学提供丰富的感性认识，从而助力学生的体验、学习取得成功。

在教学中，我们可以从以下几个方面来助力学生实现这种体验学习：

（1）课前关注体验素材。小学生由于生活经历有限，在学习某些知识时可能会感到吃力。这就要求我们在教授这些知识之前，组织学生参观或收集生活中相应的数学素材，为他们提供必要的感性认识。例如，在教学《认识钟面》（人教版小学数学一年级上册）时，教师可以在课前给学生布置一个任务：每人设计一个"钟面"。于是，学生们回家后纷纷动手，用纸壳、图画纸等材料，仿照自家的钟面制作起来。在制作过程中，他们不仅学到了很多知识，还体验到了数学的乐趣。当正式学习钟面这一课时，学生们就显得轻松多了，原本可能觉得难以掌握的知识，现在却能对答如流，甚至还能向老师提出许多超出本节内容的问题。正是有了这些亲身体验，学生们在课堂上思路开阔、热情高涨，学习起来自然轻松愉快。

（2）课中开放体验内容。教育是关乎人的教育，是科学教育与生活教育的有机融合。因此，数学内容必须与学生的生活实际紧密相连。小学数学的教学内容绝大多数都可以在现实生活找到契合点。在教学中，教师只要将教材与现实生活巧妙地结合起来，就能让学生深刻体会到数学的用途。这样不仅能将数学与生活紧密挂钩，还能帮助学生更好地理解和掌握基础知识，并运用所学的知识解决实际问题。这不仅能减少学生对数学的畏惧感，还能培养他们对数学的浓厚兴趣、探索意识、应用意识和实践能力。

（3）课后拓展体验实践。数学知识在日常生活中无处不在、无时不有。然而，数学知识究竟是如何在生产生活中运用的呢？这显然不是仅仅通过课本就能完全了解的。因此，教师需要有意识地引导学生在解决实际问题的过程中去体验数学的魅力。例如，当教室的玻璃碎时，教师可以引导学生讨论如何在窗框上准确测量尺寸：量出的长度应该比玻璃所嵌套的外框尺寸稍大一些还是稍小一些？精确到哪个单位比较合适？又比如，在给教室铺地板砖时，教师可以让学生探讨购买的地板砖面积应该比教室面积稍大一些还是稍小一些好？为什么？通过这样的讨论和实践活动，学生对如何运用计量知识解决实际问题就会有更加清晰的认识和深刻的体验。

（二）"实践操作、探索体验"为主要学习方式

1. 体验在操作中生成

现代教学论深刻认识到，亲身体验是儿童学习数学不可或缺的重要方式。通过引导儿童在亲身参与和体验中学习数学，不仅有助于他们主动构建知识体系，更能培养他们的数学意识和实践能力，使数学学习变得生动而有趣。

（1）创设氛围是前提，诱发自觉性。体验学习的起点在于兴趣，它源自内心，是学习者在喜爱的、能满足自身心理需求的情境中自然产生的心理感受。只有当学习者对学习内容产生浓厚兴趣时，他们才能全身心投入，达到心领神会的境界。因此，创设一个欢快、自由的课堂氛围至关重要。这样的氛围能有效激发学生参与活动的热情，为后续的探究学习奠定坚实基础。教师可以通过设计富有趣味性的教学情境，如游戏、故事等，来吸引学生的注意力，激发他们的学习兴趣。

（2）精神平等是关键，发扬民主性。课堂教学的美学价值，很大程度上体现在师生间精神上的平等相遇。优秀的教师总能营造出一种师生精神平等的氛围，让学生在"对话"与"共享"中感受到尊重和信任。这种精神平等意味着对学生个性的尊重，对学生生命的唤醒与赞赏，以及在此基础上的人格交融和智慧碰撞。教师应将自己视为学习共同体中的普通一员，以"平等中的首席"身份，与学生建立亲密、友善的合作关系。在轻松愉快的氛围中，通过精心设计的操作学习活动，引导学生自主探究，鼓励他们发表见解，保护他们的积极体验，从而激发学生的学习潜能。

（3）操作学习是重点，强调探究性。体验与活动紧密相连，具有鲜明的实践性。传统的课堂教学往往侧重于教师的讲解和学生的听讲，学生动手操作的机会较少，且往往流于形式。然而，真正的操作学习应让学生围绕问题展开深入的探究，通过动手操作来发现问题、解决问题。在新课改的背景下，我们更加注重学生操作过程的价值，给予学生充裕的探究时间，让他们在实践中激活思维、激发灵感，收获有意义的体验。同时，我们鼓励学生的操作结果呈现多样性，珍视他们的独特体验，因为这正是创新思维的源泉。此外，操作学习的组织形式也应从个体转向合作，让学生在小组合作中相互碰撞、交融思想，产生新颖独特的见解。操作学习的功能也应由单一走向多元，不仅关注数学知识的获取，更注重数学思想方法的进步和情感态度以及价值观的发展。

（4）合理引导是难点，突出主体性。在教育过程中，自主建构和价值引导是两个相互制约的基本点。引导要在学生感到困惑时及时出现，帮助他们提炼自身体验，将其转化为行为习惯。首先，引导要到位。教师应尊重学生的独特体验，不侵犯他们的主体性实践。然而，这并不意味着对教师的要求降低，反而对教师提出了更高的要求。教师需要敏锐地捕捉学生的思维火花，及时给予评价和引导，使学生的思维得以深化和拓展。例如，在《乘法口诀表》的教学中，当学生发现口诀表中的规律时，教师应及时给予肯定和鼓励，引导学生进一步探索和总结，而不是急于给出结论。其次，引导要到位但不能越位。教师应尊重学生的感性经验，让他们通过自己的感受、体会来领悟知识。如果教师过早地介入，用自己的思想感情代替学生的思想感情，试图用理性的灌输来让学生明白数理，往往会适得其反。因此，教师应把握好引导的度，既要在关键时刻给予有效的引导，又要避免过度干预学生的自主探究过程。

2. 体验在实践中应用

《义务教育数学课程标准》明确强调："教师应充分利用学生已有的生活经验，指导学生将所学的数学知识应用到现实中去，从而深刻体会数学在现实生活中的应用价值。"这一理念要求教师不仅要传授知识，更要引导学生理解数学"源于生活，又运用于生活"的深刻道理。因此，教师必须积极创造条件，引导学生将课堂所学知识灵活应用于生活实际，让数学与学生的日常生活紧密相连，使学生真正感受到数学无处不在，生活处处皆数学。学习数学的目的，不仅仅是为了掌握知识，更重要的是为了促进学生的全面发展，让数学成为他们生活中的得力助手。

在数学教学过程中，教师应充分发挥教材的优势，精心设计数学实践活动，让学生在实践中感受数学、运用数学，并在解决实际问题的过程中体验成功的喜悦。通过让学生亲身体验知识的形成与发展过程，他们可以深刻体会到数学与现实世界的紧密联系，从而认识到数学的丰富多彩和无穷魅力。这样，数学将不再是一门枯燥乏味的学科，而是一个充满生机与活力的全新天地。

（三）以"合作交流"为有效途径

体验与感悟相辅相成，没有感悟的体验是僵化的，没有体验支撑的理论则是空洞乏味的。体验作为一种"理智的直觉"，具有多样性、生成性和不可预测性。然而，若缺乏思辨逻辑的梳理和贯通，体验也容易变得零散而缺乏系统性。因此，在学生经历了一系列探究性操作学习后，当他们有所感悟并渴望整合这种感悟时，教师应及时组织交流引导，帮助学生从具体的感悟体验阶段过渡到抽象的概括阶段。

1. 提供乐于交流的话题

交流是品味体验、检验体验、概括体验的重要途径。以"乘法口诀表"的教学为例，在学生动手整理好乘法口诀表后，教师可以提出这样的问题："你们喜欢这些乘法口诀表吗？为什么？大家整理得都很棒，通常我们会采用第一种整理方法。学完一类新知识后，养成整理、归纳的学习习惯是非常重要的。"通过这种方式，教师将教材中局部填空式的整理方法转变为完全填空式，为学生提供了更大的整理与复习空间。学生整理出的结果虽然各不相同，但都遵循着"有序、有理"的美学准则。这种同一目的不同途径的教学方式，不仅丰富了学生的体验，还使他们对自己"创造"出来的东西印象更为深刻。交流后的归纳小结，更是及时帮助学生梳理了信息，加深了理解。

交流还应注重体验的交流和借鉴，通过分享他人的经验来唤醒更多学生的自觉意识，关注自我体验。在"摆火柴棒活动"中，最后一个环节是让学生用火柴棒摆出自己喜欢的东西，并展示在大黑板上进行集体评议。教师为所有作品都设置了奖项，如认真奖、漂亮奖、创新奖等。在这个过程中，每一个学生都通过动手、动脑形成了独特而生动的体验。教师积极的评价使得不同操作水平、认知水平的学生都能体验到成功和创新的愉悦感。

学贵参悟，参的过程就是感悟、领悟、体验的过程。积少成多，当体验达到一定程度时，就会产生质的飞跃，形成妙悟。体验源于实践，产生于活动过程之中，它无处不在、无时不在。没有体验就没有内化，没有内化就没有教育的实效。体验是认知世界和情感发展的必由之路。

2. 营造平等、和谐的交流氛围

在课堂教学中，教师应摒弃权威观念，放下架子，从高高的讲台上走下来，深入学生之中。以饱满的精神、满腔的热情、良好的情趣和真诚的微笑去尊重和理解每一位学生，让学生真正感受到老师是他们最真挚的学习伙伴。

（1）倾注爱心。虽然学生年龄尚小，思维相对幼稚，但他们同样有自己的尊严和自尊心。在学习过程中，学生难免会出现错误。此时，教师不应一味批评、指责，而应以慈爱宽容之心对待学生。通过和蔼可亲的态度和民主、平等、愉悦的课堂氛围，使学生感受到教师的关爱和理解，从而使其更加积极地投入学习。

（2）减少压力。课堂上，教师的言语对学生的影响至关重要。过于激烈或刺激性的语言可能会让学生感到压力和不适，因此，教师应尽量避免使用这类语言，而应以鼓励性、启发性的语言为主。例如："你讲得有点道理，请继续"；"你再好好想想，待会儿老师请你好吗？"……这样的语言不仅能够激发学生的学习兴趣和积极性，还能够营造出一个轻松愉快的课堂氛围。

3. 创造合作学习的机会

为了培养学生的合作精神和团队意识，教师应积极创造合作学习的机会。以"小组学习"为形式组织教学，引导学生主动参与教学过程，启发他们独立思考、质疑问难，并鼓励他们通过合作交流来共同解决问题、发展能力。

《义务教育数学课程标准》明确提出："要启发学生动脑筋想问题，鼓励他们质疑问难，提出自己的独立见解。"对于学生来说，能够提出一个有思考价值的问题、发现一种解题思路或方法，都是创新意识的体现。因此，在课堂教学中，教师应努力建立平等、民主的师生关系，营造自由、活跃、积极的课堂氛围。这样的环境有利于激发学生的独立思考和质疑问难能力，进而激发他们的创新欲望。通过合作学习，不同的学生可以得到不同的发展机会和成长空间。

四、数学学科体验式教学的评价

《义务教育数学课程标准》明确指出："对学生数学学习的评价，应全面而深入，既要细致考察学生对知识与技能的理解和掌握程度，更要密切关注他们在学习过程中情感、态度的变化与发展；既要看重学生数学学习的最终成果，更要珍视他们在学习过程中所经历的每一次变化与成长。"这一理念强调了在学习评价中，学生体验与感受的重要性，以及快乐学习对于激发学生自主学习动力的关键作用。因此，在设计与实施自学探究活动时，教师需精心构建评价机制，以确保学生在学习旅程中始终充满愉悦与成就感。

（一）评价主体的多元化：构建全面评价体系

评价，作为促进学生发展的重要手段，其目的不仅在于评判，更在于激励与引导。课堂上的阶段性评价，不仅能够提升学生的语言表达能力，增强他们对作品的鉴赏力，还能促进学生间的情感交流与相互理解。

1. 学生自评：自我反思与成长的起点

在学生完成一项学习任务后，首先邀请他们进行自我评价。这不仅是一个展示自我思考过程的机会，也是自我反思与成长的宝贵时刻。学生可以分享自己的设计意图、解题思路，同时诚实地评估自己想法的优缺点，甚至提及在准备过程中遇到的挑战与克服的方法。这种自我评价不仅增强了学生的自省能力，还为他们提供了自主发展的空间。

2. 学生间互评：相互学习与欣赏的平台

自评之后，鼓励学生之间进行互评，这是一个相互学习、相互欣赏的过程。学生可以赞扬他人作品中的亮点，也可以提出建设性的意见。评价的内容不仅限于学习成果本身，还应包括同学的学习态度、合作精神等。通过互评，学生不仅能更深入地理解同伴的思维方式和学习态度，还能在相互肯定中增进友谊、加强合作。

3. 教师评价：引导与激励的双重角色

教师在评价中扮演着至关重要的角色。教师的评价应遵循以下三个原则：

（1）基于实际，因材施教。认识到每个学生都是独一无二的个体，他们拥有不同的学习基础和能力水平。因此，教师的评价应基于学生的实际情况，提出个性化的学习要求，让每个学生都能在适合自己的节奏中成长。

（2）鼓励为主，培养自信。教师应以鼓励为主，充分肯定学生的努力和成果。通过正面的反馈，让学生感受到被尊重和关爱，从而激发他们的自信心和积极性。这种鼓励应贯穿于整个学习过程中，让学生敢于尝试、敢于表达、敢于创新。

（3）指导性强，促进成长。教师的评价应具有指导性，能够帮助学生发现不足、明确方向。通过具体的分析和建议，帮助学生克服学习中的困难，缩小与同学或教学目标之间的差距。这种指导性的评价能够真正促进学生的知识和技能提升。

通过学生自评、学生间互评以及教师评价的有机结合，我们构建了一个多元化的评价体系。在这个体系中，评价的主体不再单一，评价的标准也变得更加多维度。这样的评价不仅关注学生的学习结果，更关注他们的学习过程；不仅看重学生的知识技能掌握情况，更看重他们的情感态度和价值观的发展。这样的评价机制有助于促进学生身心各方面的和谐、健康发展，让他们在快乐中学习、在成长中体验成功。

（二）评价方式的多样化

1. 差异评价，体验成功

差异评价，作为教育评价的一种重要方式，其核心在于根据学生各自不同的个性特征、心理倾向、知识基础以及接受能力，量身定制不同层次的评价活动。这种评价方式不仅体现了对学生个体差异的尊重，更是从心理学和唯物辩证法的双重角度，深入探讨了成功体验对于学生成长的重要性。

从心理学层面看，人获得表扬、肯定等良性刺激后，会在内心产生积极的感受和反应，这种反应进而转化为前进的动力。而从唯物辩证法的角度分析，成功体验实际上是一种积极的内化过程，它促使学生将外部的评价转化为内部的自我认同和动力，从而推动其不断前进。

在差异评价的实施过程中，我们主要遵循以下三个原则：

（1）不同学生，不同评价内容的差异评价。针对每个学生的独特性和差异性，我们为其设定不同的评价内容，确保评价能够真实反映学生的个性和能力。

（2）不同学生，同一评价内容，不同评价标准的差异评价。即使面对相同的评价内容，我们也会根据学生的实际情况，设定不同的评价标准，以确保评价的公平性和有效性。

（3）不同学生，同一评价内容和标准，评价结果采用纵向比较的差异评价。在评价过程中，我们更注重学生的纵向发展，通过对比学生过去和现在的表现，来评估其进步和成长。

通过差异评价，我们能够为不同层次的学生提供适合他们的评价环境。对于学困生，我们以表扬为主，肯定他们的进步，消除他们的自卑感，让他们看到希望，品尝成功的喜悦；对于中等生，我们以激励为主，指明他们的努力方向，激发他们的上进心；对于优等生，我们以竞争评价为主，坚持高标准严要求，促使他们更加谦虚、努力、向上。最终，我们的目标是让每个学生都能在学习中找到自己的位置，体验到成功的喜悦，获得不同层次的发展。

2. 激励评价，体验成功

激励评价是教学过程中不可或缺的一环。它要求教师善于发现学生的闪光点，并给予及时、恰当的评价。在评价内容上，我们不仅要关注学生的学习结果，更要重视他们的学习过程和学习态度。即使学生的答案不完全正确，教师也不能全盘否定，而应该给予积极的反馈，让学生感受到自己想法的价值，从而树立自信心，体验到成功的快乐。

在课堂教学中，善于运用鼓励式评价的教师，不仅能够增强学生的自信心，还能够激发学生的学习兴趣，活跃课堂气氛。这种评价方式不仅是对学生个体努力的认可，更是对他们未来成长的鼓励和期待。

数学教育同样需要我们确立生命意识，走进学生的心灵，给予他们人文关怀。当教师真正意识到体验在学生数学发展中的重要作用时，他们就会更加注重学生在操作学习中获得的积极体验，并将其作为评价的重要标准。这种积极体验不仅是对教师教育行为的最大肯定和最高奖赏，更是学生成长道路上不可或缺的宝贵财富。

在激励评价的实施过程中，我们应该用宽容的心善待每一位学生。宽容是教育的基石，没有宽容心就很难引起学生积极的心理体验，也很难唤醒他们的批判思维和创新精神。我们应该给予学生足够的空间和自由，让他们勇敢地尝试、创新，即使失败了也要给予他们鼓励和支持。

同时，激励评价也应该用不同的标准来衡量学生。传统的评价方式往往以一刀切的形式褒优贬差，这种做法很容易让大部分学生感到被忽视和冷落。而新课程的评价方式则强调关注每一位学生，促进每位学生的发展。我们应该根据学生的实际情况和个性差异，设定不同的评价标准，让每个学生都能在评价中找到自己的亮点和进步，从而体验到成功的喜悦。

在教师尊重多元的民主胸襟下，学生会感受到平等、自由、民主、尊重、信任、友善、理解、包容、亲情与关爱。这种氛围不仅能够激发学生的学习兴趣和创造力，还能够培养他们的积极人生态度和情感体验。同时，通过激励评价，学生还会受到鞭策、鼓舞、感化、召唤、指导和建议，这些都将成为他们成长道路上的宝贵财富。

（三）评价方法多样化：构建全面、灵活的评估体系

为了更全面地了解学生的学习状况，促进他们的全面发展，我们需要采用多样化的评价方法。

1. 口试、面试、笔试相结合：多维度考察学生能力

（1）口试侧重于考察学生的说理能力，包括算理的阐述、解题思路的分

享以及公式推导过程的讲解。通过口试，教师可以直观地了解学生的思维逻辑和表达能力，同时也有助于培养学生的自信心和口头表达能力。

（2）面试则更注重学生的实践操作能力，如通过操作小棒演示算理、拼摆学具推导公式、进行实际测量和制作等活动，来检验学生的动手能力和知识应用能力。面试不仅能够考察学生的实践技能，还能激发他们的创新思维和问题解决能力。

（3）笔试作为传统的评价方式，主要考察学生的基础知识和解题能力。通过精心设计的题目，教师可以准确地评估学生对知识点的掌握程度和解题技巧的运用情况。

将口试、面试与笔试相结合，可以形成对学生能力的全方位考察，既关注了学生的知识掌握情况，又重视了他们的思维过程和实践能力。

2. 免试与重试相结合：激励学生主动学习

对于学习能力强、学习态度认真且平时表现优异的学生，可以给予免试的奖励，以表彰他们的努力和成就，同时激发其他学生的学习动力。

对于评价成绩不及格的学生，应提供重试的机会，并以重试的成绩作为最终评价。这样做可以让学生有时间找出自己的不足，进行有针对性的复习和提升，同时也能够调动他们学习的积极性和主动性。

3. 评价时空过程化：持续跟踪学生发展

时间维度，即评价应贯穿于学生的学习全过程，包括学习前的准备性评价、学习中的形成性评价以及学习后的总结性评价。这样可以帮助教师及时了解学生的学习进度和存在的问题，从而及时调整教学策略。

空间维度，指评价不应局限于课堂内，还应延伸到课外活动、家庭作业以及校外生活中。通过多方面的评价，教师可以更全面地了解学生的学习状况和生活习惯，为学生提供更加个性化的指导和帮助。

实现评价时空过程化，要求教师在日常教学中注重观察、记录和反馈，通过多种渠道和方式收集学生的信息，以便更准确地评估他们的学习成果和发展状况。

（四）评价结果的科学化：提升评价的准确性和有效性

为了克服传统百分制评价在信度和效度上的不足，我们应寻求评价结果表现形式的多元化和科学化。

首先，将平时考查与综合考查的结果相结合，并以平时的结果为主。这样做可以确保评价的连续性和稳定性，避免一次性考试带来的偶然性误差。

其次，将定性与定量评价相结合，并以定性评价为主。定性评价可以更加深入地描述学生的学习特点和进步情况，而定量评价则可以提供具体的数据支持。两者相结合可以使得评价结果更加全面和准确。

最后，将等级与评语相结合，并以评语为主。等级可以简洁地反映学生的学习水平，但评语则可以更具体地指出学生的优点和不足，以及未来的发展方向。这样的评价方式既具有客观性，又富有指导性，能够帮助学生更好地认识自己、提升自己。

第三节　英语学科体验式教学

一、英语学科体验式教学的功能

（一）提供情境，激发学生学习欲望

1. 情境教学有利于激发和培养学生学习英语的兴趣

英语，作为一门国际通用语言，其教材设计往往涵盖了广泛的主题，如交通、职业、自我认知、家庭关系、学校生活、朋友交往、体育运动、个人爱好以及动物世界等。这些话题紧贴学生的日常生活，极易引发他们的好奇心和求知欲。在英语课堂上巧妙地运用情境教学法，不仅能够使学生从被动接受知识转变为积极主动地学习，还能让教师从传统的知识传授者转变为学

生学习路上的引导者和辅助者，从而充分发挥学生的学习主体作用，实现教学效果的最大化。

（1）情境教学让语言学习变得直观易懂。情境教学通过模拟真实场景或创建虚拟情境，将抽象的语言知识转化为具体可感的画面和行动，大大降低了语言学习的难度。例如，以故事形式引入新词汇和句型，不仅能让学生在轻松愉快的氛围中掌握语言知识，还能培养他们的语言运用能力，并在故事中融入情感教育，如勇敢、善良、友谊等价值观，使学生在学习语言的同时，也能得到心灵的滋养。

（2）情境教学让语言更贴近学生实际。情境教学注重从学生熟悉的生活实例或片段中提炼语言素材，根据不同的教学内容精心设计教学情境，从而激活学生的背景知识，促使他们运用已有知识去理解和吸收新知识。这种教学方式既能为新知识的学习做好铺垫，降低学习难度，又能将新知识直接融入情境中，让学生在实际应用中掌握语言，使学习过程更加直接、主动和高效。

2. 学习过程转化为学生形成积极情感态度的过程

教育不仅仅是知识的传授和技能的训练，更是师生间情感的交流与心灵的碰撞，是学生沐浴在爱的阳光下的成长过程。正如德国教育家第斯多惠所言，教育的真谛在于激励、唤醒和鼓舞学生的内在潜能。因此，在教学过程中，我们必须以情感为纽带，用真情去感染学生，用热情去激发学生，才能打开他们心灵的窗户，奏响教学艺术的美妙旋律。

（1）建立良好的师生关系是情感教育的基石。人的认知活动总是伴随着情感的波动，当情感受到压抑或忽视时，人的创造力和潜能将难以得到发挥。因此，教师必须以真诚、尊重和理解的态度对待每一位学生，用爱心去关怀他们，用耐心去引导他们。

① 教师角色的转变：教师应摒弃传统的权威形象，以平等、友好的姿态与学生相处。一个亲切的微笑、一个温暖的抚摸、一个鼓励的眼神，都能让学生感受到教师的关爱和认可。同时，教师还应不断提升自身素质，以整洁

的仪表、生动的肢体语言、纯正的发音和语调，以及宽容的心态和鼓励性的语言，为学生树立榜样，赢得他们的尊敬和喜爱。

② 微笑的力量：微笑是人际交往中最迷人的表情，它能瞬间拉近人与人之间的距离，巩固师生间的友谊之桥。教师的微笑不仅能让学生感受到温暖和亲切，还能激发他们的学习兴趣和积极性。因此，教师应时刻保持微笑，用笑容去感染学生，用笑容去点亮课堂。

③ 赞美与鼓励的力量：每个人都渴望得到他人的赞美和认可，学生也不例外。教师要善于发现学生的闪光点，及时给予真诚的赞美和鼓励。这种正面的反馈不仅能增强学生的自信心和自尊心，还能激发他们的学习动力和创造力。因此，教师应吝啬批评，多施赞美，让学生在赞美声中茁壮成长。

（2）通过多种途径加强师生间的情感沟通。在英语教学中，师生间的情感沟通是教学成功的重要保障。为了加强这种沟通，教师需要采取多种有效的措施。

① 注意沟通的时间、场合和方式。教师应根据学生的性格特点和具体情况，选择合适的沟通时间和场合。对于某些敏感或私密的话题，应选择个别沟通；对于普遍性的问题，则可以在课堂上进行集体讨论。同时，教师还应注重沟通的方式和方法，避免伤害学生的自尊心和自信心。

② 多使用鼓励性语言。在课堂上，教师应多用鼓励性的语言来激励学生。当学生取得进步或表现出色时，应及时给予表扬和肯定；当学生遇到困难或犯错时，也应给予鼓励和支持。这种正面的反馈不仅能让学生感受到成功的喜悦和成就感，还能增强他们的自信心和参与度。

③ 采用合作学习方式。合作学习是英语教学中的一种有效方式。通过小组内的合作与交流，学生可以相互学习、相互帮助、共同进步。这种学习方式不仅能培养学生的合作精神和团队协作能力，还能让他们在实践中运用语言、提高语言能力。同时，小组内的优劣互补也能让每个学生都能找到自己的位置和价值，从而增强他们的自尊心和自信心。

3. 培养积极向上的情感态度：构建情感与知识并重的课堂环境

《义务教育英语课程标准》明确强调，将情感态度的发展融入日常教育教学之中，是英语课程实现情感态度目标的关键所在。这要求教师在教授英语知识的同时，必须高度关注学生的情感状态，将情感培养与英语教学紧密结合，从而促进学生全面发展。

（1）采用多元化教学方法，有效激发学生的学习动机。学习动机是推动学生持续学习的内在动力，对英语学习效果具有决定性影响。为激发学生的学习动机，教师应灵活运用多种教学方法，以满足学生不同的学习需求和兴趣。例如，通过"玩中学"的方式，利用游戏化教学让学生在轻松愉快的氛围中掌握知识；采用"猜猜看"的互动环节，激发学生的好奇心和探索欲；运用"TPR（Total Physical Response）教法"，结合身体动作与语言学习，满足学生活泼好动的天性。此外，教师还可以设计角色扮演、情境模拟等多样化的教学活动，让学生积极参与，从而有效提升其学习动机。

（2）创新教学手段，全面激发学生的学习兴趣。兴趣是学习的最好老师。为了激发学生的学习兴趣，教师应不断探索和创新教学手段。以下两种教学方法尤为值得借鉴：

① 直观教学手段的巧妙运用。直观教学能够直接作用于学生的感官，留下深刻印象，同时帮助学生迅速形成正确的概念，促进记忆。在英语教学中，教师可以充分利用实物、图片、录像、幻灯、模型以及简笔画等直观教具。特别是实物和简笔画，既经济又实用，能够迅速在语言与实际之间建立联系。例如，在讲解"pen，book，pencil，ruler"等单词时，直接展示实物；在讲解抽象概念时，通过简笔画快速勾勒，既生动形象，又便于学生理解掌握。

② 操练方法的灵活变换。为了避免单一教学方法带来的枯燥感，教师应不断变换操练方法，调动学生的多种感官参与学习。可以组织两人或多人操练、小游戏、猜谜、唱歌等多种活动形式，使学生在轻松愉快的氛围中练习英语。

此外，教师还可以鼓励学生参与课堂教学，如让学生备课并上台讲解，教师给予适当的指导和帮助。这种教学方式不仅能极大地提高学生的积极性，还能培养他们的自信心和合作意识。通过这类活动，学生能够在实践中感受英语的魅力，从而更加热爱英语学习。

在英语教学中，关注和培养小学生的积极情感态度，不仅有助于强化学习效果、提升学习效率，还能增强学生的自信心，培养他们的合作意识。这样的教学方式，能够实现知识与情感的双重丰收，使英语教学达到事半功倍的效果。

（二）创设情境，引导学生自主学习

语言是在情境中表达其意义的，情境是揭示语言所表达意义的基本途径之一。学习英语只有在一定的情境中才能理解和表达意义。

1. 创设听说的语言情境，培养学生的自主学习能力

（1）教师坚持用英语讲课，营造沉浸式语言环境。教师坚持在课堂上全程使用英语进行教学，是构建英语沉浸式学习环境的关键。这种做法不仅能让课堂瞬间变成一个充满英语氛围的小世界，极大地增加学生接触和使用英语的机会，还能有效提升课堂上语言实践的广度和深度。在这样的环境中，学生能够自然而然地感受到英语的魅力，从而激发出对英语学习的浓厚兴趣。同时，持续不断的英语输入也有助于学生英语语感的培养，以及对已学知识的复习与巩固。为了确保这一教学方法的有效性，教师需要特别注意以下几点：首先，课堂用语的选择应基于学生的可接受性，避免使用过于复杂或生僻的词汇；其次，教师要持之以恒地使用英语进行教学，避免英汉交替使用，以免破坏沉浸式的语言环境；最后，课堂用语的使用要灵活多变，语气要亲切自然，避免机械单调，以营造轻松和谐的课堂氛围，减轻学生的紧张情绪，让他们更加放松地投入到英语学习中去。

（2）利用电教媒体，强化听说训练效果。录音机作为英语教师不可或缺的"常规武器"和"必备武器"，在听力训练中发挥着举足轻重的作用。它能够为学生提供丰富的听力材料，帮助他们进行听力训练，进而培养听的语

感。在英语课堂教学中，教师可以通过模拟表演创设各种情境，并巧妙运用录音、录像、投影幻灯片等电化教学手段来移植这些情境，以生动形象的视听效果再现对话的时空背景，实现声像结合、图文并茂的教学效果。这种教学方式特别符合小学生好奇、求趣、求新的心理特点。通过将学生要学的对话融入其中，不仅能够加深学生对语言的理解，还能帮助他们在语言与表达对象之间建立起紧密的联系，从而极大地调动他们的学习积极性，使他们更加自觉、更有兴趣地参与到英语交际活动中去，进而培养他们的自主学习能力。例如，在学习关于下雨的对话时，教师可以先播放预先录制的下雨声，让学生身临其境地感受下雨的情境，然后再学习相关的对话内容，这样不仅能激发学生的学习兴趣，还能增强他们的学习效果。

（3）听唱流行歌曲，寓教于乐提升语言能力。听唱国内外流行广泛、影响深远的歌曲，特别是校园歌曲，是另一种有效的英语学习方式。学生在歌声的熏陶中不仅能够享受到音乐的魅力，还能在不知不觉中学习到英语，提高学习兴趣。像"Apple Tree""I have two hands""Twinkle，Twinkle，Little Star""Happy New Year""Happy Birthday to You""Do，Re，Me""ABC Song""Ten Little Indian Boys""Jingle Bells"等歌曲都是不错的选择。实践证明，歌声具有集中学生注意力、激发求知欲、巩固和快速记忆所学知识的神奇效果。在音乐情境中学习英语，不仅能让学生感受到西方文化的独特魅力，还能逐步提高他们的审美意识和能力，提升他们的整体素质。同时，将音乐与英语融为一体，还能帮助学生更好地理解对话内容，表现情境中的语言交流，从而创设出有声的语言环境，使学生自然而然地投入到学习中去。在唱歌的过程中，教师还可以根据歌曲内容设计问答或分角色对话等活动，以体现歌曲中的交际情境，让学生在轻松愉快的氛围中提高听说能力，培养自主学习能力。

（4）创设良好语言环境，促进听说能力全面发展。良好的语言环境是语言发展的肥沃土壤。语言是交际的工具，在生活中无处不在。在课堂上，教师应该多让学生扮演角色进行模拟交际活动。同时，在平时的教学中，教师还要根据实际情况灵活运用图片、简笔画、实物、幻灯片、手势动作、信息交流、猜谜、角色扮演、游戏等多种教学手段来创设更加真实、贴近生活的交际情境。这样不仅能够形成具有情境意义、接近自然的语言环境，还能让学生在自主学习的过程中不断锻炼和提高听说能力。通过创设多样化的语言情境，学生能够更加积极地参与到语言实践中去，从而在实践中不断巩固和深化所学知识，提高语言运用能力。

2. 创设直观情境，培养学生的自主学习能力

（1）直观情境教学法：构建生活化课堂，激发学习动机。直观情境教学法是小学英语教学中一种极为有效的教学方法。它要求教师在课堂教学中，充分利用实物或直观教具，创设贴近学生生活的情境，从而激发学生的学习动机，培养他们的自主学习能力。

小学英语教材的内容与学生的日常生活紧密相连，如打电话、问路、购物、道别等场景，都是学生生活中常见的语言现象。教师可以巧妙地利用这些生活元素，结合学生已有的知识经验，创设出真实可感的情境。例如，在学习"colors"这一单元后，教师可以引导学生观察教室内的物品和学习用具，通过问答的形式复习颜色词汇，并鼓励学生动手画一幅自己喜欢的图画，涂上颜色，然后进行"What color is...? It's..."的句型练习。这样的教学活动不仅让学生在情境中学习了语言知识，还培养了他们的观察力和创造力。

在学习"Go shopping"时，教师可以精心准备各种教具，如食物、饮料、杯子、水果、价格表、台布、天平秤等，将教室布置成一个小型商店或超市。通过角色扮演的方式，让学生分别充当"售货员"和"顾客"，进行模拟购物对话。这种情境化的教学方式不仅让学生亲身体验了购物的过程，还让他们在实践中运用了所学的语言知识，提高了语言运用能力。

在学习"The parts of the body"时，教师可以利用身体语言，示范并引导学生指着自己身体的各个部位，用英语进行表达。这种直观的教学方式不仅让学生更容易理解和记忆词汇，还激发了他们的学习兴趣，培养了他们的

自主学习能力。

直观情境教学法通过创设生活化的情境，激发了学生的学习动机，活跃了课堂气氛，启发了学生的思维，增强了学生对语言的理解，从而有效地培养了学生的自主学习能力。

（2）趣味教学法：寓教于乐，提升学习效果。法国大教育家福禄贝尔曾说过："小孩子的工作就是游戏。"这句话深刻揭示了游戏在儿童成长中的重要地位。在小学英语教学中，教师可以充分利用游戏这一形式，设计趣味性的教学活动，创设情境，让学生在游戏中学习，在学习中游戏。

在设计游戏时，教师应注重游戏的竞争性和参与性，克服一般性游戏多、竞争性游戏少的现象。同时，游戏应结合教学重点、难点，精心设计，形式要灵活多样，确保学生能够广泛参与。此外，游戏还应具有可操作性，让学生在"动中学，学中动"，在动态的学习过程中掌握知识、提升能力。

例如，教师可以设计"Guessing game"猜谜游戏，让学生通过描述或模仿动物的声音、形态来猜测动物名称；或者设计"Touch and guess"摸物猜名游戏，让学生通过触摸实物来猜测物品名称；还可以设计传令游戏（One by one），让学生在传递信息的过程中练习口语表达。这些游戏不仅能激发学生的学习兴趣，还能使语言的输入输出更具创造性和艺术性。

（3）形象化教学：利用直观手段，促进知识记忆与巩固。小学生的思维发展需要具体形象的支持，生动、形象的事物往往能够给学生留下深刻的印象。因此，教师在教学中应采用多种形式创设情境，并充分利用各种直观形象的教学手段，如实物、卡片、图画、简笔画、数据、表格等。同时，教师还应伴随着生动形象的教学语言和形体语言，进行基本技能训练和交际活动。

例如，在教"monkey"这一单词时，教师可以通过模仿猴子的动作和神态，如左手反遮前额、眼珠上下转动、四处张望以及右手抓耳挠腮等，将一只小猴的形象活灵活现地展现在学生面前。学生也可以边做动作边说英语，从而在动作中加深对词汇的理解和记忆。在巩固练习时，教师可以设计听英语模仿动物叫声或用形态表现的活动，也可以设计听叫声、看形象用英语猜动物名称的游戏。这样的教学活动不仅让课堂气氛变得活跃起来，还让学生在玩、说、学的情境中深深感受到"英语真有趣"，从而更加积极地投入到英语学习中去。

3. 创设校园周边环境，拓展第二课堂

为了进一步深化课堂教学的成效，确保学生能够亲身体验知识从学习到实际运用的全过程，教师应当积极策划并组织丰富多彩的课余英语交流活动。这些活动旨在让学生在真实的语境中运用英语，从而实现语言学习的终极目标。具体来说，可以开展如"English Corner"这样的互动平台，让学生们在轻松愉快的氛围中自由交流，提升口语表达能力；还可以设立"English Speaking Day"，鼓励全校师生在这一天里尽量用英语进行沟通，让英语成为校园内的主流语言。此外，教师还应倡导在课间休息时，师生之间、生生之间用英语进行日常对话，以此营造浓厚的英语学习氛围。在班级内部，可以开辟一块英语园地，展示学生的英语作品，如手抄报、英语作文等。同时，学校黑板报上也可以定期刊登学生的书画作品，并配以英汉双语的名言警句，既美化校园环境，又能在潜移默化中提升学生的英语素养。学校广播站同样可以发挥作用，开设英语小节目，定期播放英语歌曲、学生的英语对话等，让学生在课余时间也能接触到英语，感受英语的魅力。

通过这些活动，我们不仅将英语的学习范围从课堂延伸到了家庭、社会，还通过教室、家庭、校园、社会等多个维度共同创设英语学习情境，开拓了第二课堂。这样的学习环境让学生无论身处何处都能感受到英语的氛围，自然而然地融入英语学习中去，进而培养他们的自主学习能力。自主学习强调的是一种主动的学习态度，它要求学生在教学过程中始终处于主体地位，主动探索、主动发展。这种学习方式不仅重视学习方法的指导，更强调能力的培养，是素质教育的重要组成部分，同时也符合英语学科交际实用的特点。

在小学英语情境教学中，教师只有不断创新，创设出新颖、有趣的情境，才能有效激发学生的学习兴趣，进而培养他们的自主学习能力。因此，教育应当通过多种途径、从多个方面入手，全面培养学生的自主学习能力，使他们成为具备自主学习能力、能够适应新世纪发展需求的人才。

（三）超越情境，实现学生自主学习

1. 提高学生跨文化意识

（1）充分挖掘教材资源，巧妙融入外国文化。教材是学生学习英语的重要载体，其编排科学、内容丰富，且紧密贴合学生的学习实际。在日常教学中，教师应充分利用教材这一宝贵资源，适时、适量地渗透外国文化，帮助学生拓宽视野，增强跨文化意识。例如，在讲解衣物相关单词时，教师可以借助多媒体手段，生动展示英国、美国、加拿大、日本及非洲等地的传统服饰，如英国的皮革大衣（leather coat）、加拿大的防寒靴（boots）、日本女性的和服（kimono）以及非洲的特色草裙（leaves skirts），并引导学生将自己的日常衣着（如 shirt、skirt、dress、sweater）与这些外国服饰进行对比，从而让学生直观感受到不同文化背景下的服饰差异。同样，在教学家庭成员的词汇时，教师可以深入剖析英语单词如 uncle、cousin 等所涵盖的广泛含义，与汉语中的复杂称呼体系进行对比，让学生体会到英语称呼的简洁与明了，进而理解不同文化在称呼习惯上的独特之处。

（2）借助节假日情境，亲身体验外国文化。节假日是文化的重要载体，也是学生接触和了解外国文化的绝佳时机。教师应充分利用愚人节、情人节、圣诞节等外国节日，通过组织丰富多彩的活动，让学生直接、真实地感受外国文化的魅力。以圣诞节为例，教师可以在节前布置教室，营造浓厚的节日氛围，引导学生制作圣诞卡片、互赠礼物，同时介绍圣诞节的起源、习俗以及相关的文化故事。此外，教师还可以鼓励学生关注社会上对圣诞节的各种庆祝活动，如商店的装饰、餐厅的特惠等，让学生在生活中寻找文化的痕迹，加深对外国文化的理解和认同。

（3）引导利用网络资源，自主探索外国文化。在信息爆炸的今天，网络资源为学生提供了无限的学习可能。教师应引导学生合理利用电视、电脑等

媒介，通过观看英文电影、浏览英文网站、参与在线交流等方式，自主探索外国文化。教师可以为学生提供一些优质的英文学习资源网站，或者推荐一些适合学生观看的英文电影、纪录片等，让学生在轻松愉快的氛围中学习外国文化。同时，教师还应鼓励学生将所学知识与现实生活相结合，尝试用英语表达自己对外国文化的理解和感受，从而进一步提升跨文化交际能力。

2. 培养学生学习能力

学习能力是学生学习英语的基石，也是其未来持续发展的关键。为了培养学生的学习能力，教师应从预习这一环节入手，引导学生养成良好的学习习惯。

（1）预习性介入，提升学习主动性。预习是学生学习新知识的重要环节，通过预习，学生可以初步了解新课的内容、重点和难点，为课堂上的学习做好充分准备。教师应指导学生进行有效的预习，包括阅读教材、查阅相关资料、思考并记录下自己的疑问等。这样，学生在课堂上就能更加有针对性地听讲，抓住学习的重点，提高听课的效率。同时，预习还能培养学生的自主学习能力，使其在未来的学习中更加主动、自信。为了确保预习的效果，教师应定期检查学生的预习情况，给予必要的指导和反馈，帮助学生形成科学的预习方法，养成预习的习惯。

（2）动态化的参与：激发潜能，促进全面发展。学习不仅是一个被动接受知识的过程，更是一个需要学生全方位参与、动态感知与体验的过程。在这个过程中，学生需要通过双手去操作实验、用语言去清晰表达、用眼睛去细致观察、用耳朵去仔细聆听、用脑子去深入思考。这种全方位的参与方式，能够让学生更好、更深地掌握知识，同时锻炼他们的动手能力、表达能力、观察能力和思维能力。

动态化的教育过程具有诸多优势。一方面，它能够极大地激发学生的积极性和创造力，让学生在实践中展示自己的聪明才智和独特个性。学生在参与过程中，会不断产生新的想法和见解，从而加深对知识的理解和应用。另一方面，动态化的参与还能够暴露学生在学习中的疑问和差距，为教师提供宝贵的教育信息，有助于教师及时调整教学策略，更好地满足学生的学习需求。

在动态化的教学过程中，教师和学生都需要投入更多、更有效的学习时间。教育的本质在于师生之间的交流与互动，教师应该与学生建立合作式的、多层次的交流关系，共同探索知识的奥秘。这种交流不仅限于课堂上的问答，更应该延伸到课后的讨论、反思和总结中。虽然这个过程看似费时费力，但它却是学生学习、发展、创造所必须经历的重要阶段。通过这个过程，学生能够获得不可估量的、长效的丰厚回报，为未来的学习和生活奠定坚实的基础。

在教学过程中，教师要充分发挥自己的主导作用，利用各种教学手段引导学生学习人类的知识和经验，同时引发学生讨论，激发学生的思维火花。然而，教师也不能忽视学生的主体参与作用。学生需要积极参与教学过程，能动地感知和接受教师传递的教育信息，将知识内化为自己的能力和素质。因此，教师既要发挥自己的主导作用，又要重视学生的主体参与，将两者有机结合，共同推动教学过程的顺利进行。

此外，在教学过程中，教师还要关注学生的内在思维过程。学生不仅要有外在的表现，如注意力集中、反应迅速等，更要有内在的思考和推理过程。教师应该鼓励学生进行深入的思考和探究，培养他们的批判性思维和创新能力。同时，在教学组织形式上，教师既要重视个人的自主学习，也要鼓励学生进行相互间的横向交流讨论活动。通过多向的交叉反馈，学生可以各抒己见、相互补充、质疑、启发，共同得到全面深刻的认识提升。

（3）反思性的总结：提升自我，实现质的飞跃。反思是学习的重要环节，也是个人成长的关键步骤。通过不断反思自己的学习理念和行为，学生可以不断地自我调整、自我构建，从而提高自己的知识、技能、技巧。反思不仅有助于优化学习过程，修正学习曲线，还能加速学生的素质成长过程。

在复习总结时，学生应选择经典性的材料作为基础，深入剖析其结构和内涵。通过理清知识之间的内在联系和规律，学生可以形成系统的知识体系，实现知识的网络化和系统化。这样，学生在学习过程中就能做到纲举目张、以简驭繁，从而提高学习效率。

同时，在反思总结中，学生还要对典型题目进行认真思考、反复钻研。通过总结解题思路、方法和规律，学生可以形成自己的解题策略，做到点面结合、游刃有余。这种反思性的总结不仅有助于巩固所学知识，还能提高学生的解题能力和思维能力。

教师也应该引导学生进行反思性学习。教师要教会学生如何客观地对待学习过程中出现的问题，如何总结经验、吸取教训。通过培养学生的反思思维习惯，教师可以帮助学生将单纯的、盲目的和冲动的行为变为智慧的行为，从而提高他们的自我教育能力。

此外，教师自身也需要不断反思自己的教学行为。通过反思，教师可以发现自己在教学中的不足和需要改进的地方，从而不断提高自己的教育能力。同时，教师还可以将自己的反思经验与学生分享，引导学生也进行反思性学习，共同促进教与学的完善。

总之，反思总结的过程是自身发展的升华过程。在教学过程中，我们一定要重视这个过程，鼓励学生进行反思性学习，培养他们的反思思维习惯。通过反思性的总结，学生可以不断提升自我，实现质的飞跃。

二、英语学科体验式教学的类型

体验式教学的类型都以学生的课堂参与为主，展开多种形式的学习体验活动。英语学科体验式教学大体上分为以下几种类型。

1. 阅读体验型教学模式的深化与实践

小学阶段英语教学的核心目标之一，在于培养学生的听说技能，进而提升其语言交际能力和实际应用水平。为实现这一目标，我们创新性地设计了一种阅读体验型教学模式，该模式以体验为核心，旨在通过阅读材料的深入理解和实际应用，全面提高学生的英语听说能力。

在这一教学模式下，我们首先设立自由对话预热环节。此环节，教师会精心挑选与阅读材料紧密相关的话题,引导学生展开自由讨论。鼓励学生运用已掌握的词汇和句型,积极表达个人观点和感受,从而激活学生的语言思维,为后续的阅读材料输入奠定坚实基础。通过轻松自然的对话氛围,学生能够在无压力的状态下逐渐进入学习状态。

紧接着,进入精选阅读材料输入阶段。教师会根据教学目标和学生兴趣,精心挑选内容丰富、语言地道且贴近学生生活的阅读材料。这些材料不仅包含新的词汇和句型,还通过生动的语境帮助学生理解这些语言点的实际应用。通过阅读,学生不仅能够扩大词汇量,还能提升对语言结构的感知能力。

随后是小组合作操练环节。学生被分成若干小组,每组围绕阅读材料进行深度探讨和操练。通过小组讨论、角色扮演等多样化的活动形式,学生能够在互动中加深对阅读材料的理解,并在实践中不断锤炼听说能力。这种合作学习的方式不仅促进了学生之间的交流与合作,还提高了他们语言运用的准确性和流利度。

接下来是对话输出实践阶段。在教师的指导下,学生将阅读材料中的信息转化为实际的交际用语,进行对话练习。这一环节不仅检验了学生对阅读材料的理解程度,还锻炼了他们的口语表达能力和语言组织能力。通过模拟真实的交际场景,学生能够更加自信地运用英语进行表达。

最后是拓展阅读材料与深化学习阶段。教师会提供与主题相关但难度略有提升的拓展阅读材料,鼓励学生进行自主阅读和学习。这一环节旨在帮助学生巩固已学知识,同时接触更多的语言点和表达方式,进一步拓宽语言视野和提升综合素养。

综上所述,这种结合听说训练的阅读体验型教学模式,通过自由对话预热、精选阅读材料输入、小组合作操练、对话输出实践和拓展阅读材料与深化学习等五个环节,循序渐进地引导学生深入理解阅读材料,全面提升听说技能,最终实现语言交际能力的质的飞跃。

2. 表演体验型教学的创新与实践

表演体验型教学作为一种极具创新性和吸引力的英语教学方法,以其生动逼真的表演活动和身临其境的学习体验，深受小学阶段学生的喜爱。这种教学方法不仅降低了语言学习的难度，使抽象的知识点变得直观易懂，还通过模拟真实的语言场景，使语言材料更加生动、真实，从而在学生心中留下难以磨灭的印象。

小学阶段的学生天生具有强烈的表演欲望和展示自我的渴望。表演体验型教学恰好满足了学生的这一心理需求，为他们提供了一个展现自我、锻炼胆量的舞台。在表演过程中，学生需要克服内心的紧张与不安，勇敢地站上舞台，用流利的英语诠释角色、表达情感。这一过程不仅极大地锻炼了学生的口语表达能力和语言组织能力，还培养了他们的自信心、舞台表现力和团队协作能力。

表演体验型课堂的基本结构包括以下几个精心设计的环节：

（1）通过演唱与主题紧密相关的英文歌曲，营造轻松愉快的课堂氛围，激发学生的学习兴趣和参与度；

（2）教师以生动有趣的讲解和示范呈现新知，帮助学生快速理解并掌握新的语言点；

（3）学生以小组或个人的形式进行操练，通过模拟对话、角色扮演等多样化的活动形式，加深对语言点的理解和记忆；

（4）进入激动人心的表演环节，学生将所学知识运用到实际情境中，通过生动的表演展示学习成果，体验成功的喜悦；

（5）通过巩固延伸活动，如复述表演内容、编写续集等，帮助学生进一步巩固所学知识，拓展语言运用的广度和深度。

在表演体验型教学中，教师需充分发挥引导作用，为学生提供必要的指导和支持，确保表演活动的顺利进行。同时，教师还应注重培养学生的团队合作精神和创新意识，鼓励学生在表演中融入个人创意和想法，使表演更加丰富多彩、生动有趣。此外，教师还需密切关注学生的学习反馈和表演效果，及时调整教学策略和方法，以确保教学目标的实现和学生学习效果的最大化。

总之，表演体验型教学以其独特的魅力和实效性，成为小学阶段英语教学中的一种重要方法。它通过生动逼真的表演活动，为学生提供了一个展示自我、锻炼胆量的平台，使英语学习过程变得更加有趣、有效和难忘。

3. 游戏体验型：寓教于乐，激发英语学习潜能

游戏教学法，作为一种创新的教学模式，其核心在于将原本枯燥的语言学习转化为生动有趣的游戏形式，为学习者营造一个轻松愉悦、充满趣味的学习环境。在《义务教育英语课程标准》的指引下，我们深刻认识到，兴趣是语言学习的敲门砖，尤其在小学阶段，激发学生对英语的兴趣更是教学的重中之重。随着教育改革的深入，传统教学模式中过分强调知识灌输、忽视学生兴趣与能力培养的弊端日益凸显，已难以满足新课程标准的要求。因此，探索并实践游戏教学法，成为提升英语教学质量、培养学生英语学习兴趣的有效途径。

游戏教学法的基本模式，即"自由交谈—游戏引入—新知学习—玩练结合—角色扮演—儿歌巩固"，为英语教学提供了清晰的实施路径。

（1）自由交谈作为教学的开篇，不仅为学生提供了展示自我、运用英语的舞台，更是营造英语学习氛围的关键。教师可以灵活设定话题，如日常对话、情景模拟等，鼓励学生大胆开口，用英语表达自己的想法和感受。这一环节不仅锻炼了学生的口语表达能力，还增强了他们的自信心和英语学习的兴趣。

（2）游戏引入作为连接旧知与新知的桥梁，其重要性不言而喻。通过精心设计的游戏，如词汇接龙、句子拼图等，不仅能有效复习旧知，还能自然过渡到新课的学习，激发学生的好奇心和求知欲。这种引入方式既轻松又高效，让学生在游戏中不知不觉地进入学习状态。

（3）新知学习是教学的核心环节。教师应充分利用多媒体资源，如实物、图片、视频等，结合生动的体态语，使课堂变得生动有趣，帮助学生直观理解并掌握新知识。同时，通过互动问答、小组讨论等形式，加深学生对新知的印象，促进其对知识的内化。

（4）玩练结合则是将理论知识转化为实践能力的关键步骤。通过设计一系列与新课内容紧密相关的游戏，如角色扮演、情景模拟、竞赛挑战等，让学生在玩中练、练中玩，既巩固了新知，又提高了语言运用能力。这种寓教

于乐的方式，极大地提升了学生的学习积极性和参与度。

（5）角色扮演作为教学的高潮部分，为学生提供了展示自我、运用英语进行交际的绝佳机会。教师可以根据新课内容设计不同的角色和场景，让学生分组进行表演。通过角色的扮演和情节的展开，学生不仅能够加深对知识的理解和记忆，还能在实践中锻炼自己的交际能力和团队协作能力。

（6）儿歌巩固作为教学的收尾环节，既是对本节课所学知识的总结回顾，也是对学生创造力的激发。鼓励学生将所学知识编入儿歌中，既便于记忆又富有趣味性。通过小组内的分享和展示，学生不仅能够巩固所学内容，还能在创作和表演中感受到英语学习的乐趣和成就感。

综上所述，游戏型教学法以其独特的魅力和实效，成为促进小学生英语学习的重要途径。它不仅符合小学生的生理和心理特点，还能够激发学生的学习兴趣和潜能，帮助他们在体验中快乐学习、在玩耍中掌握知识。通过不断探索和实践游戏教学法的基本模式和创新应用，我们相信能够为学生提供更加丰富多彩、高效有趣的英语学习体验。

4. 竞赛体验型教学模式的探索与实践

竞赛体验型教学作为一种富有挑战性和趣味性的教学方法，不仅能够极大地调动学生的积极性和主动性，还能在激烈的竞赛氛围中培养学生的合作互助意识。这种教学模式既适用于小组间的比拼，也适用于男女生之间的对抗，更可以通过对话表演赛、抢答比赛、开火车比赛等多种形式来展开。其基本结构包括热身复习、呈现新知、学生竞赛以及竞赛评价四个关键环节，旨在通过一系列精心设计的竞赛活动，让学生在轻松愉快的氛围中掌握新知、提升能力。

在个体竞赛方面，一个生动的例子是形状单词的学习。当学生学完相关单词后，教师可以为每位学生分发一张彩纸，并鼓励他们动手折出尽可能多的形状，同时边折边说出对应形状的英文单词。这种亲手尝试的方式不仅让学生直观感受到了各种形状之间的关系，还促进了他们思维的发展，使单词学习变得生动有趣。

　　而在小组竞赛方面，科学合理地组建学习小组是确保竞赛活动顺利进行的关键。在划分小组时，教师应遵循一个核心原则：既要有利于小组成员积极主动地参与学习过程，又能促进小组成员之间的相互团结、支持和协作，从而共同提升个人学习成效并实现团队学习目标。基于这一原则，教师可以采用多种方法来组建小组，如按座位随机组合、根据学生人际关系进行搭配，或者根据学习任务的难易程度及主题由学生自主组织。特别是后者，能够让学生根据自己的能力和兴趣选择适合的任务，从而减少各组在能力和学业上的差异，确保组间竞赛的公平性。

　　为了确保小组竞赛的有效性，角色分配也是至关重要的一环。教师应根据学生的特点和能力来分配角色，让每个学生都能在团队中发挥自己的优势。例如，有组织才能的学生可以担任小组长，负责协调组内成员的工作进度和讨论方向；而性格内向的学生则可以担任记录员，负责记录团队的参与情况和讨论成果，作为课后评估的依据，并激励其他成员积极参与。

　　在具体的竞赛活动中，"找妈妈"是一个既有趣又富有挑战性的游戏。学生需要以小组为单位，快速找到单词中缺失的字母并将其贴在正确的位置上，比拼哪一组的速度最快。这样的活动不仅考验了学生的反应速度和团队协作能力，还让他们在轻松愉快的氛围中巩固了单词知识。同样，"摘苹果"游戏则是通过看学生认识的单词数量来决胜负，边读边摘的方式让学生们在游戏中享受到了学习的乐趣。而"闯关迷宫"则更是将单词学习与冒险探险相结合，让学生在挑战中不断提升自己的单词量和语言运用能力。

　　竞赛结束后，留出足够的时间进行小组汇报也是非常重要的。这不仅可以促使各小组为了能在全班同学面前有出色的表现而积极准备，还能让学生们在汇报过程中再次回顾和巩固所学知识。在汇报时，教师可以采用两种评价方式：一是小组内成员根据各自的表现情况集体评定；二是教师对小组整体表现进行评价。教师的评价标准应综合考虑学生的竞赛成绩、情感态度、学习策略等多个方面，以确保评价的全面性和公正性。

　　总之，竞赛体验型教学模式通过一系列精心设计的竞赛活动，让学生在轻松愉快的氛围中掌握了新知、提升了能力，并培养了他们的合作互助意识。这种教学模式不仅让英语学习变得更加有趣和有效，还让学生们在亲身参与中感受到了语言学习的快乐与魅力。

5. 故事体验型：以故事为舟，载英语之梦远航

故事，作为人类文化与智慧的瑰宝，其魅力不仅在于那流畅的语言与生动的情节，更在于其背后所蕴含的深刻哲理与文化差异。对于小学高段的学生而言，通过朗读与体验中外优秀故事，不仅能够学习到语言的精妙运用，更能领略到不同文化的独特韵味，拓宽视野，增长见识。因此，故事教学法在小学英语教学中显得尤为重要，它以学生综合语言运用能力的培养为核心，旨在全面提升学生的听说读写技能。为了实施好这一教学法，教师应精心设计教学流程，其基本结构可概括为：展现背景—听力练习—提问深化—线索回顾—故事表演。

在《全日制义务教育英语课程标准》的指引下，我们深知，英语教学不仅要关注学生的语言技能，更要关注他们的情感态度、学习策略与文化意识。通过故事教学，我们可以激发学生的英语学习兴趣，帮助他们建立学习的成就感和自信心，进而促进他们综合语言运用能力的提升，培养人文素养、实践能力与创新精神。

为了让学生能够将新旧知识融会贯通，创造性地运用所学语言，教师在故事教学后应鼓励学生进行故事改编与表演。这一活动不仅能激发学生的创造力，还能让他们在改编与表演的过程中加深对故事内容的理解，提升语言运用能力。学生们在小组内集思广益，编出一个个充满创意的小故事，既锻炼了他们的思维能力，又增强了他们的团队合作意识。

三、英语学科体验式教学的策略

（一）利用多媒体教学，加强学生感官体验

多媒体教学作为传统媒体与现代媒体的完美融合，能够充分发挥各自的

优势，为学生呈现一个多层次、多维度的学习环境。在这样的课堂中，既有教师的精讲启发，又有现代媒体的适时参与，使得教学形式更加灵活多样，有效激发学生的学习兴趣。认知心理学告诉我们，人的认识并非单纯由外界刺激直接给予，而是外界刺激与人的内部心理过程相互作用的结果。因此，那些亲身经历、亲眼目睹的事情往往能给人留下深刻的印象。

将多媒体课件引入英语课堂，可以为学生创造一个图文并茂、丰富多彩的语言环境。这种环境能够对学生的视觉、听觉等感官产生强烈的刺激，从而诱发他们的学习动机，激发其求知欲望，引起他们的学习兴趣。学生们在这样一个充满吸引力的学习环境中，能够更加积极主动地参与到英语学习中来，从而提高教学效率和质量。同时，多媒体教学的互动性也使得学生能够更加深入地参与到课堂活动中来，通过实践来巩固和深化所学知识，让英语学习变得更加生动有趣、富有成效。

（二）通过多种途径，丰富学生语境体验

1. 创设多元化英语交往情境，深度体验英语交际的实用功能与核心价值

语言作为人类交流思想、传递信息的工具，其生命力在于实际应用。为了让学生真切体会到英语在人际交往中的不可或缺性，教师应积极创设多样化的英语交往情境，将英语学习从课堂延伸至课后，融入学生的日常生活。例如，可以组织英语角、英语沙龙等活动，鼓励学生用英语讨论热点话题、分享生活趣事，甚至进行简单的角色扮演，模拟真实场景中的英语交流。这样的实践活动不仅能够锻炼学生的英语口语表达能力，还能让他们深刻感受到英语作为国际通用语言的便捷与魅力，从而激发他们学习英语的内在动力，使其认识到英语交际的广泛功能和深远价值。

2. 搭建多维度英语展示平台，激发学生在生活中探索英语学习的无限乐趣

为了充分展现学生的英语风采，提升他们的学习热情，学校应搭建一个多元化的英语展示平台，让学生有机会在实践中展示自己的英语口头表达能力。以"英语生活小片段"系列活动为载体，通过即兴演讲、故事讲述、戏

剧表演（涵盖小品、相声、课本剧等多种形式）、诗歌朗诵、歌咏比赛等丰富多彩的内容，吸引学生参与其中。活动的筹备与实施应充分尊重学生的自主性，从活动策划、组织执行到评价反馈，都鼓励学生自主完成，教师仅提供必要的指导和支持。活动过程中的所有文件，包括通知、方案、评价细则等，均以英文形式呈现，营造全方位的英语学习环境。此外，利用校园广播、电视等现代化教育手段，定期播出由学生自编自导的英语节目，如英语新闻、英语故事会等，让学生成为英语文化的传播者和创造者，深刻体验英语学习的乐趣与成就感，同时领略英语文化的博大精深。

3. 营造沉浸式英语视听环境，强化学生在实践中对英语语感的自然习得

语感是语言学习中的重要组成部分，它关乎语言的直觉理解和运用能力。为了培养学生的英语语感，学校应充分利用现代化教育教学设备，为学生创造一个沉浸式的英语视听环境。除了常规的英语课堂教学外，还可以利用校园广播电视系统，在特定时段播放英语原声歌曲、经典电影片段、英语新闻广播等，让学生在日常生活中也能接触到地道的英语材料。同时，鼓励学生利用课余时间观看英文电影、听英文播客、参与在线英语交流社群等，通过大量的听力和视觉输入，自然而然地培养出良好的英语语感。此外，学校还可以定期举办英语配音比赛、英语歌曲大赛等活动，让学生在实践中进一步提升对英语语音、语调、节奏等细节的把握能力，从而在潜移默化中提升英语综合运用能力。

四、英语学科体验式教学的评价

（一）体验式学习中评价的目的：激发潜能，促进全面发展

1. 让学生真正成为学习的主人

在传统的课堂教学模式中，教师往往占据主导地位，学生则处于被动接受知识的状态。然而，在体验式学习中，我们倡导师生角色的转变，教师从"演员"转变为"导演"，而学生则成为学习的真正主体。评价作为学习过程

中的重要环节，也应以学生为中心，注重学生的个性差异，确保每位学生都能在体验学习中得到全面、和谐的健康发展。通过让学生参与评价过程，他们不仅能够更好地认识自己的学习状况，还能激发自我学习的动力，从而真正成为学习的主人。

2. 增强学生的学习自信心

教育应遵循学生身心发展的特点和规律，评价也不例外。在体验式学习中，我们将评价融入各项活动中，营造轻松愉快的氛围，打破传统测试的严肃性。这种评价方式避免了因分数差异而引发的心理厌倦，保护了学生的自尊心和自信心。学生在参与评价的过程中，能够感受到自己的进步和成就，从而增强学习的自信心，为未来的学习奠定坚实的基础。

3. 激发和保护学生的好奇心和兴趣

好奇心和兴趣是学习的最佳动力。在体验式学习中，我们注重评价过程的趣味性和互动性，以激发学生的好奇心和兴趣。当学生对评价过程产生浓厚兴趣时，他们的学习动机将变得更加主动。通过设计有趣的评价活动，让学生在轻松愉快的氛围中接受评价，他们不仅不会感到压抑，反而会期待下一次评价的到来。

4. 促进学生良好学习习惯的养成

将评价融入每一次体验活动中，能够促使学生积极主动地参与评价，并对英语学习产生兴趣。这种评价方式为学生提供了认识自我、反思自我、调控自我和发展自我的机会，有助于他们形成良好的学习习惯。随着评价的不断进行，学生会逐渐学会如何自我评估、如何调整学习策略，从而在未来的英语学习中更加游刃有余。

（二）体验式学习中评价的原则：多元化、全面化、人性化

为突出学生主体地位，在英语教学中我们坚持评价目标化、评价者多元化以及评价方法多样化的原则，具体实践以下原则：

1. 口试与笔试结合

为全面衡量学生的英语学习情况，我们采用口试与笔试相结合的方式。口试注重考查学生的口语表达能力和实际交流能力，而笔试则侧重于检验学生的语言知识和理解能力。通过分项、分阶段的测试，我们能够更准确地了解学生的学习状况，并根据测试结果调整教学策略。同时，我们也在不断探索如何使测试内容更加趣味化、人性化和情境化，以培养学生的兴趣和口语交流能力。

2. 自评、互评、师评与家长评价相结合

为实现全面评价学生，我们采用个人、小组、教师和家长相结合的评价方式。根据学生的课堂表现、课后作业、校园活动以及校外表现等多个方面进行等级评价，并将评价结果及时反馈给学生和家长。这种评价方式加强了老师、学生、家长之间的沟通与了解，使学生能够及时了解自己的成绩和不足，从而不断进步。在自评与互评过程中，我们引导学生正确评价自己、认识自己，并学会客观、公正地评价他人。通过赏识的眼光发现同伴的优点，敢于实事求是地评价同伴的不足，有助于形成健康的人格和学会做人做事。

3. 重试机会

考试的目的是激励学生学会知识、掌握学习方法，并让他们感受到成就感和继续学习的欲望。因此，对于评价成绩不合格的学生，我们给予他们重试的机会。这种做法不仅调动了学生学习的主动性和积极性，还为他们的未来学习做好了铺垫。通过重试，学生能够再次检验自己的学习成果，并有机会弥补之前的不足。

4. 等级与评语相结合

对于评价结果，我们采用等级制与评语相结合的评价方法。等级制能够简洁明了地反映学生的学习水平，而评语则能够更具体地指出学生的优点和不足。通过结合使用这两种评价方法，我们能够更全面地了解学生的学习状况，并为他们提供更有针对性的指导和建议。同时，这种评价方式也能够让学生更加清晰地了解自己的学习情况，从而更有针对性地进行学习和改进。

（三）体验式学习中评价的方法

1. 深化课堂观察机制，以激励性评价促进学生全面发展

课堂观察作为评估学生学习行为与态度的重要手段，其核心价值在于通过细致入微的观察，捕捉学生在特定学习情境下的真实表现。为了更加全面、系统地实施这一机制，教师可以设计一份详尽的《年级班英语课堂观察记录表》，该表应涵盖学生课前准备、课堂参与度、听说读写唱等技能训练、小组合作能力、表演展示勇气等多个维度。观察周期可设定为 17 周，以确保评价的持续性和全面性。

在具体操作上，教师需在课堂上对学生的各项表现进行实时观察，并鼓励学生之间也进行相互观察，共同评价。对于表现优异的学生，如课前准备充分、听课专注、积极参与课堂活动、小组合作默契、勇于表演等，教师可奖励一颗"☆"作为鼓励。累计获得 10 颗"☆"的学生，将在班级的"丰收树"上获得一个"金苹果"作为荣誉标志。学期末，通过比较"金苹果"的数量，评选出"英语小能手"，以此激发学生的竞争意识和成就感。

这种激励性质的课堂评价机制，不仅显著提升了学生对英语学习的积极性和参与度，还促进了学生之间的良性竞争与合作。许多学生为了争取"☆"和"金苹果"，不仅在课前做好充分准备，还在课堂上展现出前所未有的活跃和投入，甚至带动了整个班级的学习氛围。这种评价方式的成功实施，不仅对英语学科的学习效果产生了积极影响，还迁移到了其他学科，促进了学生全面发展的实现。

2. 构建多元化情感态度评价体系，助力学生外语学习持续进步

情感态度在外语学习中的作用不容小觑，它直接影响学生的学习动力、学习效果以及面对挑战时的态度。为了全面、准确地评估学生的情感态度，我们需要构建一个包含多元评价主体和综合评价方法的体系。

在定量评价方面，我们可以通过学生自评、小组互评、家长评价和教师评价等多维度收集数据，以客观、量化的方式反映学生的情感态度状况。这

些评价可以围绕学生的学习动机、兴趣、参与度、合作精神、自信心等方面展开，通过具体的评分或等级划分，为学生提供清晰的反馈。

而定性评价则更加注重对学生情感态度的深入理解和描述。通过"自我反思"引导学生审视自己的情感状态和学习态度，通过"同伴评价"让学生相互了解彼此的优点和不足，通过"家长反馈"获得家庭环境下的情感态度信息，以及通过"教师评价"综合考量学生在课堂上的整体表现。这些定性评价能够为学生提供更加个性化、针对性的反馈和建议，帮助他们更好地认识自己，调整学习态度，提升学习效果。

通过这样一套多元化、综合性的情感态度评价体系，我们能够更加全面、深入地了解学生的情感态度和语言学习状况。这不仅有助于我们为学生提供更加精准的教学指导和支持，还能够促进学生语言学习与情感态度之间的良性互动，助力他们在外语学习的道路上不断取得新的进步和突破。

3. 综合语言运用能力评价：多维度、多层次地促进学生全面发展

英语综合语言运用能力是学生通过不断的语言实践而逐渐形成的，它涵盖了听、说、读、写等多个方面。对于小学 3～6 年级的学生（年龄大致在 8～12 岁之间）来说，他们正处于一个充满好奇、活泼好动的阶段，乐于表现自己，善于模仿，且对新鲜事物充满探索欲。针对这一年龄段学生的特点，我们在构建英语综合语言运用能力评价体系时，特别注重了评价的多维度和多层次性。

我们精心设计了"优""良""达标"三个评价层级，这三个层级之间呈现出清晰的递进关系。以问候语为例，能够使用简单的"Hello"进行基本问候被视为达到"达标"层级；若能主动使用"Good morning"等更丰富的问候语向他人问好，则达到"良"的层级；而能够熟练运用"How are you？ Fine，Thank you"等句型进行更深入的交流，则被视为达到了"优"的层级。每个层级我们都精心准备了三项难度相当的评价内容，供学生根据自己的实际情况进行选择，以确保评价的全面性和公平性。

在实施评价的过程中，我们充分尊重学生的主体地位，鼓励学生根据自

己的实际情况自主选择评价层级。学生首先进行自我评估，判断自己的语言运用能力处于哪个层级，然后在相应层级的卡片中随机抽取评价内容。这种评价方式不仅体现了对学生的尊重和信任，也激发了他们的学习积极性和参与感。

此外，我们还实施了延时评价机制。对于某些尚未准备充分的学生，我们给予他们充分的时间进行准备和复习，以确保他们在评价时能够发挥出最佳水平。这种评价机制体现了对学生个体差异的尊重和理解，也避免了因一次性评价而可能产生的挫败感。

通过实践，我们发现这种评价体系取得了显著的效果。所有学生都能够熟练演唱教材中的英文歌曲，表现出良好的语音语调和节奏感；大部分学生能够根据教师的指令迅速作出反应，展示出较强的语言运用能力。这种以学生为中心的评价方式，使学生能够更加清晰地认识自己的发展状况，进而调整学习目标，体验进步与成功的喜悦，从而激发他们更大的学习动力。

同时，教师也可以根据学生的表现和需求，对教学计划进行针对性的调整和优化，提升课堂教学的针对性和有效性。这种评价体系不仅保护了学生的自尊心和自信心，还体现了对学生的尊重和关爱；更重要的是，它凸显了以学生发展为中心的教育理念，促进了学生的全面发展。

4. 档案袋评价：记录成长轨迹，展现多元风采

档案袋评价，又被称为"学习档案评价"或学生成长记录袋评价，它是一种全面、动态地评价学生学习过程和成果的方式。通常以一个文件夹或电子文件夹的形式，收藏每一个学生具有代表性的学习成果（如作业、作品、项目报告等）和反思报告。

档案袋评价能够督促学生经常回顾和检查自己所完成的作业和作品，通过自主选出比较满意的作品过程，反思自己的学习方法和学习成果。这种反思过程有助于学生培养自主学习的能力和自信心，使他们更加明确自己的学习目标和方向。

档案袋不仅记录了学生的学习成果和进步轨迹，还真实地反映了他们在

学习过程中所经历的成功与挫折。每当学生翻阅自己的档案袋时，都能清晰地看到自己的成长和变化，从而体验到成功的喜悦和成长的快乐。这种成功的体验能够进一步激发学生的学习动力和积极性，促使他们不断追求更高的目标。

同时，档案袋也为教师和其他评价者提供了更加丰富多样的评价材料。教师可以通过档案袋中的作品和反思报告，更加深入地了解学生的学习情况、学习方法和学习态度，从而更加开放地、多层面地、全面地评价每一个学生。这种评价方式不仅有助于教师更加准确地把握学生的学习状况，还为教师提供了更加有针对性的教学建议和改进方向。

第六章　中小学微课程开发与实践

第一节　微课程的基本认知

一、微课程的概述与核心构成

微课，作为新时代教育技术领域的一颗璀璨明珠，其定义与内涵丰富而深刻。它不仅仅是按照新课程标准及教学实践要求，以教学视频为核心载体，更是教师在课堂教学过程中，针对某个具体知识点或教学环节，精心设计与实施的一系列教与学活动的集合。这些活动不仅包括了课堂教学视频这一直观、生动的课例片段，还巧妙地融合了与该教学主题紧密相连的教学设计、丰富多样的素材课件、深刻的教学反思、针对性的练习测试以及学生宝贵的反馈和教师精准的点评。这些资源以科学合理的结构关系和呈现方式，共同构建了一个既半结构化又主题鲜明的资源单元应用"生态环境"，为学生的学习提供了全方位、多层次的支持。

微课之所以区别于传统的教学资源，如单一的教学课例、教学课件或教学设计，是因为它在继承这些资源优点的基础上，进行了创新与发展，形成了一种新型、高效的教学资源形式。在翻转课堂的教学流程中，微课程更是以其独特的魅力发挥着重要作用。这里的微课程，特指那段精心录制、时长控制在 10 分钟以内的教师讲授课程内容的微视频。然而，这段微视频并非孤立存在，它需要与学习单元、学生学习活动的流程等紧密结合，才能构成一个完整、系统的微课程。否则，它仅仅是一段视频记录的课堂教学实录，虽可作为学习材料，但并未形成微课程所独有的系统性和完整性。

值得注意的是，微课虽然以微视频为主要记录媒体，但并不意味着其形式局限于视频。教师可以根据学科特点、教学情境以及学生的学习需求，灵活运用音频（如录音）、PPT、文本等多种格式，以更加丰富多样的方式呈现教学内容，满足学生多样化的学习需求。

二、微课程的产生背景与发展历程

微课的起源可追溯至 1993 年，当时被称为 60 秒课程，随后逐渐发展为一分钟演讲微课程。到了 2008 年秋季，微课这一概念正式被提出，并广泛应用于在线课程学习中。戴维等教育专家指出，微课作为一种灵活便捷的在线学习资源，通常针对某一具体知识点录制 1～3 分钟的视频课程。其目的在于引导学生主动阅读、探索课程知识，为课后自主学习提供有力支持，使学生能够随时随地巩固所学内容。自那时起，微课便成为了教育技术领域和基础教育领域一线教师热议的焦点。

在国内，微课的雏形最早以微型教学视频（课例片段）的形式出现。针对传统 40 或 45 分钟全程实录式教学课例存在的制作成本高、交互性差、评审难度大、应用率低等问题，佛山市教育局于 2011 年在全国率先举办了首届全市中小学优秀微型教学视频课例征集活动。该活动要求教师围绕某个知识点或教学环节进行教学设计，并拍摄录制课例（同时提供相应的教学设计、课件、练习、反思等支持学习资源）。这些作品被同步发布在网上，供广大师生家长随时点播、交流和评论。活动取得了令人瞩目的成效，广大教师对这种"内容短小精悍、教学价值显著、针对性强、数量众多、使用灵活"的微课例赞不绝口。

此后，佛山市连续举办了三届微课作品大赛，并率先开展了基于微课的教学改革研究（如微课与班级教学的深度融合、翻转课堂模式的探索与实践、自主学习能力的培养、小组合作学习模式的创新、移动学习等新型学习方式的推广）。这些研究取得了丰硕的成果，不仅推动了佛山市教育信息化的进程，更引领了全国微课建设与应用研究的热潮。

面对新课程标准和教学实践的严峻挑战，教师的工作已不再是简单地将书本知识传授给学生，而是要在教学过程中激发学生的学习兴趣，培养他们的自主学习能力。在这一背景下，微课应运而生，以其独特的魅力吸引了广大师生的目光。微课以其短小精悍、针对性强、趣味性强等特点，打破了传统的教学方式，满足了学生对不同学科知识点的个性化学习需求。学生可以根据自己的学习进度和兴趣选择学习内容，既可查漏补缺，又能强化巩固所学知识。微课的出现，不仅丰富了学生的学习方式，更成为了传统课堂学习的重要补充和拓展资源。这一创新的教学形式在校园内迅速传播开来，受到了广大师生的热烈欢迎和高度评价。

三、微课程的主要特点

1. 教学时间较短，高效利用碎片时间

教学视频作为微课的核心组成部分，其时长设计充分考虑了中小学生的认知特点和学习规律。一般而言，微课的时长被控制在 5～8 分钟之内，最长也不宜超过 10 分钟。这样的设计使得微课能够充分利用学生的碎片时间，如课间休息、等车、排队等零散时段，让学生能够在短时间内集中注意力、高效学习。与传统的 40 或 45 分钟一节课的教学课例相比，微课以其短小精悍的特点，被形象地称为"课例片段"或"微课例"，更加符合现代快节奏生活的学习需求。

2. 教学内容较少，聚焦核心知识点

微课的教学内容具有高度的聚焦性，它不像传统课堂那样涵盖广泛的知识点，而是针对某个学科中的重点、难点、疑点或特定教学环节进行深入剖析。这种精简的教学内容使得微课能够更加深入地探讨问题，帮助学生突破

学习障碍，掌握核心知识点。因此，微课又被称为"微课堂"，它以其精准的教学内容和高效的学习效果，受到了广大师生的青睐。

3. 资源容量较小，便于传播与存储

微课视频及配套辅助资源的总容量通常较小，一般在几十兆左右。这种小巧的资源容量使得微课能够轻松地在网络上传播，师生可以流畅地在线观摩课例，查看相关的教学设计、课件等辅助资源。同时，微课资源也便于下载保存到各种终端设备，如笔记本电脑、手机、MP4 等，实现了移动学习和"泛在学习"的可能。这种便捷的传播和存储方式，极大地拓宽了微课的应用场景和受众范围。

4. 资源组成"情境化"，促进深度学习

微课的资源组成具有鲜明的"情境化"特点。它以教学视频片段为主线，整合了教学设计、多媒体素材、课件、教学反思、学生反馈和专家点评等相关教学资源，形成了一个主题鲜明、类型多样、结构紧凑的"主题单元资源包"。这种资源组成方式营造了一个真实的"微教学资源环境"，使得学生在具体、典型的案例中更容易实现高阶思维能力的学习，如"隐性知识"和"默会知识"的掌握。同时，这种情境化的资源组成也有助于教师教学观念的更新、技能的提升和风格的模仿与迁移，从而推动学校教育教学模式的改革。

5. 主题突出，内容具体，贴近教学实际

微课的主题通常非常明确，一次微课往往只聚焦一个具体的问题或主题。这些问题或主题来源于教育教学实践中的真实需求，如生活思考、教学反思、难点突破、重点强调等。这种贴近教学实际的微课内容，使得学生能够更加深入地理解和掌握知识，同时也为教师的教学提供了有力的支持。

6. 成果简化，多样传播，扩大影响力

由于微课内容具体、主题突出，因此其研究成果容易表达和转化。微课的短小精悍也使其传播形式更加多样，可以通过网络视频、手机传播、微博讨论等多种方式迅速传播开来。这种多样化的传播方式不仅扩大了微课的影响力，也使得更多的师生能够受益于微课带来的便利和效益。

7. 反馈及时，针对性强，促进教学改进

微课的即时性特点使得参加者能够及时听到他人对自己教学行为的评价，获得反馈信息。这种即时的反馈机制有助于教师及时调整教学策略，改进教学方法，提高教学效果。同时，由于微课是课前的组内预演，人人参与、互相学习、互相帮助，这种团队合作的方式也在一定程度上减轻了教师的心理压力，使得评课更加客观、公正。这种针对性的反馈和团队合作机制，为教师的专业成长和教学改进提供了有力的支持。

四、微课程的录制方式

微课的录制方式灵活多样，既可以使用手机、数码相机、DV 等便携摄像设备进行实地拍摄和录制，也可以借助专业的录屏软件来捕捉电脑屏幕上的操作与讲解，从而生成高质量的音频或视频内容。在录制过程中，需严格遵循以下标准，以确保微课的画质、音质及内容质量均达到最佳状态。

（1）画质与呈现。微课的画质必须清晰，确保观众能够轻松辨认视频中的每一个细节。同时，视频中应包含作者本人的头像或相关画面，以增强教学的亲切感和互动性。文字内容需经过仔细校对，确保无误，且不得出现科学性、政策性错误。声音要清晰洪亮，语言表述应通俗易懂、深入浅出，讲解时要详略得当、精炼有力。录制时，建议将电脑分辨率调整为 1 024×768，颜色位数设为 16 位，以优化视频显示效果。PPT 设计应追求简洁美观，避免冗余信息，同时尽量压缩文件大小，便于传输与分享。

（2）时长控制。微课的核心在于"微"，因此时间应严格控制在五分钟以内，以确保内容精炼且易于观众吸收。

（3）内容聚焦。在有限的五分钟内，微课应聚焦单一主题，深入讲解，避免泛泛而谈。若内容较为丰富，建议拆分为多个微课，形成系列课程。

（4）教学设计。微课内容应基于教学设计思想，采用一对一的教学模式，直接针对学习者的疑惑进行"启惑"与"解惑"，提升教学效果。

（5）准确性。微课在内容、文字、图片、语言等方面均需确保准确无误，避免误导学习者。

（6）语言风格。讲解时，教师应保持声音响亮清晰，语言通俗易懂，避免使用"你们""大家""同学们"等泛指性用语，以增强微课的个性化教学体验。

（7）课件设计。若使用课件辅助讲解，课件应具备视觉美感，建议采用单色设计，突出简洁之美，避免干扰学习者的注意力。

（8）技术规格。视频画质需保持清晰，建议采用 Flv、MP4 等格式，分辨率为 640 像素×480 像素或 320 像素×240 像素。音频格式可选择 AAC、MP3 或 Vorbis 等。同时，微课应包含片头片尾，明确显示标题、作者、单位等关键信息。

（9）呈现方式。在"PPT+视频"的录制模式下，应确保教师头像不遮挡教学内容，同时片头应明确展示课程主题、适用对象、所属学科、教材单元及知识点等信息，微课标题应直接以知识点命名。

（10）选题与针对性。微课选题需得当，应围绕日常教学或学习中的典型问题、代表性内容或传统教学方式难以解决的问题进行设计，确保微课具有针对性和实用性。

（11）教学设计与逻辑。微课应基于教学设计思想，围绕选题进行精心设计，突出教学重点与难点。教学目的需明确，教学思路需清晰，教学过程应主线清晰、逻辑性强、易懂明了。通过有针对性的解惑与启惑，有效解决教学过程中的重点、难点、疑点等问题，同时激发学习者的学习主动性。

五、微课程的应用价值

微课程作为教育体系中的新兴力量，其应用价值不容小觑。它不仅是对传统课程体系的补充与完善，更是满足学生全面发展需求的重要途径。

1. 学生层面

微课以学生为核心，充分考虑学生的实际需求、能力水平、经验积累及兴趣爱好。通过精心设计的微课内容，如中国传统文化赏析、世界音乐鉴赏、手工制作等，不仅能够陶冶学生的艺术情操，提升知识素养，还能全面开发学生的多元智能，培养德、智、体、美、劳全面发展的高素质人才。此外，微课注重实践能力的培养、问题解决能力的提升以及创新思维的激发，与素质教育的核心理念相契合。相较于传统课程，微课更加灵活多样，能够满足学生的个性化学习需求，助力学生全面发展。

2. 教师层面

微课程为教师提供了展现自我、提升能力的广阔舞台。在三级课程编制管理体制下，教师虽然拥有了一定的校本课程开发权利，但在课程决策、设计、评价等关键环节仍缺乏足够的发言权。而微课程则赋予了教师更完整的课程权利，包括课程设计、实施、开发、评价以及研究等。通过自主开发微课，教师能够根据班级实际情况和自身专业水平，量身打造符合学生需求的课程内容。在微课开发过程中，教师的课程开发意识得到强化，课程开发能力得到提升，从而促进了教师的专业成长与职业发展。

3. 校本层面

微课程在校本层面具有举足轻重的地位，它是促进校本课程有效开发并实施的重要推手。作为校本课程的一种创新形式，微课程不仅体现了校本课程开发的核心价值，更以其独特的优势为校本课程的丰富与发展注入了新的活力。

校本课程的核心价值在于"以学生为本，促进学生的持续发展"，这一理念要求课程开发必须紧密围绕学生的实际需求、兴趣爱好和个性特点进行。而微课程，以其短小精悍、灵活多样的特点，恰好能够满足这一要求。它不仅能够根据学生的内在需求和兴趣进行课程编制，还能随着学生需求和兴趣的变化而及时调整，确保课程始终与学生的成长轨迹保持同步。

微课程的内容选择极为广泛，涵盖了不同学科、不同领域的主题，为学生提供了丰富多样的学习选择。这种多样性不仅开阔了学生的视野，还激发了他们学习的内在动力，提高了其学习效率和质量。同时，微课程也为教师提供了展示自己专业能力和特长的平台，鼓励教师积极参与校本课程开发，从而实现校本课程的目标。

六、微课程的校本意义

微课程与校本课程之间存在着紧密的联系，可以说，微课程就是校本课程的一种独特且重要的表现形式，其校本意义不容小觑。

1. 实现校本课程核心价值的有力工具

校本课程的核心价值在于以学生为本，关注学生的持续发展。微课程以其灵活性和适切性，成为了实现这一核心价值的有力工具。与传统长期课程相比，微课程更加关注学生的兴趣和需求，能够根据学生的实际情况进行及时调整，真正体现"以人为本"的教育理念。

长期课程往往侧重于学科知识的系统性和逻辑性，虽然能够为学生打下扎实的基础，但也因其长期性、单一性和固定性而难以适应不同学生的兴趣与需要。相比之下，微课程则更加注重学生的个体差异和兴趣点，能够为学生提供更加多样化和个性化的学习体验。微课程的内容选择广泛，可以形成丰富多彩的"课程超市"，让学生根据自己的兴趣和需求进行自由选择，从而满足学生的个性化发展需求。

2. 促进校本课程开发成功的关键因素

微课程理念打破了传统课程的束缚，使课程不再仅仅是知识的堆砌和灌输，而是更加注重学生的主体性和创造性。微课程的"短"和"小"使得它易于设计和实施，降低了课程开发的门槛和难度。教师可以根据自己的专长和学生的兴趣点，轻松开发出具有特色的微课程，从而在实践中不断积累经验、提升能力。

微课程的"精"和"活"则赋予了课程更多的生命力和活力。它不仅能够拓宽学生的视野、激发学生的学习兴趣，还能提高学生的学习效率。同时，教师在微课程的开发过程中也能不断展现自己的专业特长和研究成果，提升自己的课程开发能力。这种"短平快"的成效让教师在体验成功的同时，也增强了其参与课程开发的信心和意愿。

综上所述，微课程在学生个性发展以及教师参与校本课程开发方面具有独特的校本意义与价值。它不仅能够满足学生的个性化学习需求，促进学生的持续发展，还能激发教师的课程开发热情，提升教师的专业素养和课程开发能力。因此，我们应该充分利用微课程的优势，推动校本课程的有效开发与实施，为学生的全面发展和学校的持续发展贡献力量。

第二节　微课程的开发与应用

一、微课程的设计原则

1. 系统性原则：构建微课设计的宏观框架

在微课设计的过程中，系统性原则至关重要。它要求我们在规划微课时，必须全面考虑微课的整体结构、内容布局以及各部分之间的内在联系，以确保微课设计的整体性和连贯性。这种系统性不仅体现在单个微课的设计上，更体现在一系列微课构成的课程体系中。通过系统性的规划，我们可以帮助学生建立起清晰的知识框架，促进他们的系统化学习。同时，系统性原则还强调微课内容之间的衔接与过渡，确保学生在学习过程中能够顺畅地从一个知识点过渡到另一个知识点，从而实现对知识的全面理解和掌握。

2. 聚焦性原则：精准定位微课的核心内容

聚焦性原则是微课设计的一大特色。微课之所以"短小精悍"，正是因为它能够在有限的时间内，集中精力解决一个或几个核心知识点。在设计微课时，我们应严格遵循聚焦性原则，确保每个微课都围绕一个明确的主题或知识点展开，避免内容过于庞杂或分散。通过精准定位核心内容，我们可以帮助学生快速聚焦学习重点，提高他们的学习效率。同时，聚焦性原则还要求我们在设计微课时，要与教学核心素养点紧密结合，确保微课内容既符合教学大纲要求，又能有效提升学生的核心素养。

3. 情境性原则：营造微课教学的生动场景

情境性原则是微课设计中的重要一环。教学核心素养往往需要在特定的教学情境中才能得以体现和锻炼。因此，在设计微课时，我们应注重营造生动、具体的教学情境，将抽象的知识点融入具体的场景中，使学生能够在情境中学习和应用知识。此外，微课作为信息技术与教学资源的结合体，其本身就是一种情境化的教学资源。我们应充分利用信息技术的优势，将精心设计过的教学资源转化为生动、有趣的微课内容，构建出富有吸引力的"微教学资源环境"。

4. 主体性原则：以学生为中心设计微课

主体性原则是微课设计的核心理念。微课的最终目的是学生的发展，因此，在设计微课时，我们必须始终以学生为中心，关注学生的需求和发展。这要求我们深入了解学生的学习特点和兴趣点，设计出符合他们认知规律和接受能力的微课内容。同时，主体性原则还强调培养学生的主动性和能动性，鼓励他们在微课学习中积极参与、主动探索。通过设计富有互动性和探究性的微课内容，我们可以激发学生的学习兴趣，促进他们的全面发展。

5. 交互性原则：促进微课教学的互动与反馈

交互性原则是微课设计中不可或缺的一部分。虽然微课作为一种新的学习方式与传统的教学方式有所不同，但其本质属性仍然是"课程"。在课程设计过程中，我们需要综合考虑教师、学生、教材以及外部技术环境等要素之间的相互作用和平衡。坚持交互性原则，一方面要求我们在设计微课时，要充分考虑四大要素之间的协同作用，确保微课内容的科学性和实用性；另一方面，在应用微课进行教学时，我们要注重与学生的互动和交流，及时收集学生的反馈意见，调整教学策略和方法。通过这两个方面的配合与努力，我们可以实现微课教学的交互平衡，提升教学效果和学生的学习质量。

二、校本微课程的开发策略

微课程的"微小"，并非指其是可以轻视或随意处理的"小环节"，相反，微课程与其他正规课程一样，必须达到一定的规划、实施和成果标准。它必需紧密围绕学校的培养目标和教育宗旨，成为对促进学生全面发展具有实质影响的教育教学活动的重要组成部分。对于学校而言，将微课程纳入课程体系，不仅要求教师们具备高超的课程开发技巧，还需深刻理解微课程开发的精髓，并严格遵循校本课程开发的基本原则与流程，确保微课程能够达到预期的教育目标。

（一）明晰微课程的核心要素

微课程的设计与开发，离不开对其核心要素的准确把握。结合微课程的本质特征、独特属性及实施要求，我们可以将其核心要素概括为以下五个方面：

1. 微课程的主题

作为微课程的灵魂，主题的选定至关重要。它应根据学生的兴趣点、实际需求、知识背景、能力水平以及学科教学要求、社会发展趋势和教师自身的专长与研究兴趣来综合确定。一个明确且吸引人的主题，能够为微课程的内容构建和组织实施提供清晰的导向。

2. 微课程的目标

鉴于微课程短小精悍的特点，其目标设定应精简而具体。通常，一两个明确、可衡量且贴近学生实际的目标即可。这些目标应聚焦于拓宽学生视野、激发学生兴趣、提升学生实践能力、培养学生健全人格等方面，以充分发挥微课程的独特教育价值。

3. 微课程的计划

在实施微课程之前，教师需要制订详尽的开发与实施计划。这包括对学生需求的精准诊断、主题的深入提炼、形式的恰当选择、时间的合理安排、资源的全面分析（涵盖经费、场地、设备、人员、资料、网络、社区与家长支持等多个方面）以及弹性课程表的制定和运行流程的设计等。这些准备工作是确保微课程顺利实施和高质量完成的关键。

4. 微课程的实施

微课程的实施方式灵活多样，教师可根据实际情况选择适合的模式或综合运用多种模式。以下是五种常见的实施模式：

（1）基于问题的学习。通过提出开放性问题，引导学生主动查找信息、分析问题并提出解决方案，从而培养他们的探究精神和思维能力。

（2）基于案例的学习。提供具体案例或情境，让学生在案例的启发下搜索信息、提出方案，并增强学习的迁移能力。

（3）基于资源的学习。在丰富的资源支持下，学生通过查阅、分析各种资料来深入理解任务，并运用工具探寻解决问题的方法。这种模式可作为基于问题或案例学习的一部分。

（4）基于情境的学习。在真实或模拟的情境中，让学生亲身体验和应用知识，以加深对知识的理解和掌握。这种动态、交互的学习方式能够充分体现微课程的生成性特点。

（5）基于合作的学习。通过小组合作的形式，将任务分配给每个成员，让大家共同交流、分享经验、解决问题，从而培养团队协作能力和社交技能。

5. 微课程的评价

微课程的评价是检验其效果的重要环节。评价应贯穿于微课程的整个过程中，包括对学生学习成果的评价、对教师教学效果的评价以及对课程本身质量的评价。通过多元化的评价方式（如自我评价、同伴评价、教师评价、家长评价等）和全面的评价指标（如知识掌握程度、技能提升情况、情感态度变化等），可以全面、客观地反映微课程的教育效果，并为后续的改进和优化提供有力依据。

（二）构建微课程多元化评价体系

微课程以其丰富深广的内容、灵活多样的活动形式以及多姿多彩的成果呈现方式，为教育教学注入了新的活力。然而，这也对微课程的评价提出了更高的要求。为了充分发挥微课程的优势，我们必须打破传统的纸笔测验和

"分数挂帅"的评价模式，构建多元化的评价体系。

1. 强化教师自主构建微课程能力的评价与提升

在微课程的多元化评价中，教师自主构建微课程的能力是一个重要的评价指标。这种能力不仅体现在教师扎实的课程理论知识上，更在于他们是否具备完善的课程开发实践技能。这包括沟通与协作的技能、挖掘和利用课程资源的技能、诊断学生需要与指导学生学习的技能、提炼主题与构建专题学习和活动的技能、确立课程目标与组织课程内容的技能、设计课程实施（教学）模式的技能，以及进行有效的课程评价的技能等。为了提升教师的这些能力，我们需要通过多种途径和方式，如专门的培训、实践锻炼等，让教师实实在在地"做"课程，在"做"中学习与发展。同时，我们还应建立相应的评价机制，对教师的微课程构建能力进行定期评估，以激励他们不断提升自己的专业水平。

2. 倡导"做"中学的微课程开发模式

对于教师而言，微课程的开发不仅是一个理论学习的过程，更是一个实践探索的过程。教师应该以微课程的理念为指导，充分利用微课程短小精悍、容易驾驭的特点与优势，根据学生兴趣与需求、学科与社会发展动态以及自身的专业特长，积极尝试开发与实施各种微课程。在"做"中学的过程中，教师应该进行课程的行动研究，不断反思与总结，以锻炼提升自身自主构建微课程的能力。同时，学校和教育管理部门也应该为教师提供必要的支持，如建立微课程开发的指导方针、提供资金与技术支持、制作微课程原型、设计与开发评价工具以及实施技能培训等，以鼓励和支持教师积极参与微课程的开发与实践。

（三）微课程资源构成的深化理解

微课程的资源构成是微课程成功实施的关键。我们可以用"非常 1+4"来概括微课程的资源基本构成。"1"指的是微课的最核心资源——一段精彩的教学视频，这段视频应该紧扣某个知识点、具体问题或教学环节，通过多样化的教学形式和活动地点，展现教师精彩的教学过程。而"4"则是指与这段教学视频相配套的四个教与学辅助资源，即微教案（或微学案）、微课件（或微学件）、微练习（或微思考）、微反思（或微反馈）。这些资源以一定的结构关系和网页呈现方式，共同构成了一个半开放的、相对完整的、交互性良好的教与学应用生态环境。这种资源构成方式不仅有助于提升微课程的教学效果，还能为学生的学习提供更为丰富和多样的支持。

（四）微课程开发路径的深入探索

建构主义认为，教育教学的本质是以知识建构为核心，为其创设良好环境与支撑的过程。因此，在微课程的开发路径上，我们应该以学生为中心、以学习活动为中心、以学生主动性的知识建构为中心，旨在为学习者创造一个有助于知识建构的情境。具体来说，我们可以从以下几个方面入手：首先，通过创设特定的学习情境，激活学习者的问题意识，形成明确的学习任务，从而促进学习活动的开展和新旧经验的相互作用；其次，鼓励学习者进行自主探索，寻找问题解决的思路、途径和方法，并完成学习任务；再次，在教师的指导下进行协作学习，通过社会协商的方式共享群体的智慧；最后，对学习效果进行开放性、多元性和过程性的评价，以全面反映学习者的学习成果和进步情况。同时，教师作为微课程的实施主体，还应该不断探索多种科学合理的教学方法和手段，使教学活动多样化、贴近学生生活，以激发学习者的积极性和主体性，促进他们对课程单元或专题的深入思考，从而达到对当前所学知识的意义建构的目的。

1. 微课程目标的确定

在探讨微课程目标的价值取向时，我们不得不提及建构主义课程观的影响。建构主义强调课程目标的"生成—表现性"，这意味着目标并非预先设定的固定终点，而是在教育实践的动态过程中，随着各种问题的涌现与解决而逐步生成，并与教师和学生个体的价值观紧密相连。这种目标观突出了目标的"非终极性"，即目标不是一成不变的，而是随着教学进程的推进而不断调整和完善；同时，它也强调了目标的"个体性"，即目标应与参与者的个性特征相契合，体现个性化的学习需求。

在设定微课程目标时，我们应充分借鉴建构主义的这一理念，强调目标的过程性，注重学生在具体教育情境中的主体性和个性化表现。这意味着微课程目标不应仅仅关注知识的传授，而应更多地关注学生如何在学习过程中发现问题、解决问题，以及他们在这一过程中的情感体验和认知发展。因此，微课程目标应设定得小而具体、详细且集中，将学生置于具体的问题情境中，鼓励他们发挥主观能动性，探索多样化的问题解决方法，并重视他们在问题解决过程中的真实感受和体验。

此外，微课程目标还应具备开放性、动态性和可扩展性。这意味着我们不应局限于用某一统一的标准来衡量学生的学习成果，而是应根据具体的教学情境、学习进度以及学生的个体差异来进行灵活调整和转变。在制定微课程目标时，我们应充分考虑学生的实际学习能力和内在需求差异，根据学生的不同身心发展阶段和个性特点，制定与之相符的微课目标，以确保每个学生都能在微课学习中获得成长和进步。

2. 微课程内容的选择与组织

建构主义认为，知识并非通过教师的简单传授而获得，而是学习者在一定的社会文化背景下，借助他人的帮助（包括教师和学习伙伴）和必要的学习资料，通过意义建构的方式主动获取的。因此，在构建微课程内容时，我们应注重与学习者的个人需要紧密结合，充分考虑学习者原有的经验和兴趣，以激发他们的学习积极性和主动性。

微课程内容的选择与组织应遵循"少而精"的原则，确保内容具体且集中，同时与学校、教师、学生的实际需求紧密相连。这意味着我们应精选那些与学生生活密切相关、能够引发学生兴趣的话题或热点问题作为微课内容，并根据学生的年龄特点、认知能力以及教师的专业素质进行相应的设计。例如，我们可以选择日常生活中的科学现象、社会热点或文化现象作为微课的主题，通过生动的案例和有趣的互动环节，引导学生深入探究和理解相关知识。

此外，微课程内容的组织还应注重逻辑性和连贯性，确保学生能够系统地掌握所学知识。我们可以将微课内容划分为不同的主题或单元，每个单元围绕一个核心问题或概念展开，通过逐步深入的问题引导和案例分析，帮助学生构建完整的知识框架。同时，我们还可以利用信息技术手段，如视频、动画、互动游戏等，丰富微课的表现形式，提高学生的学习兴趣和参与度。

（五）微课程的设计与整合

微课程作为一种新兴的课程形态，正逐渐受到教育界的广泛关注和研究。不同研究者从不同角度出发，对微课程给出了多种定义和解读。然而，无论何种定义，都无法否认微课程发展的本质——课程文化走向"学习为本"。这一转变意味着微课程的设计与开发应更加关注学生的学习需求和个性化发展，注重学习过程的体验和学习效果的提升。

目前，微课程开发存在三种主要模式：校本模式、信息化模式和整合（混合）模式。校本模式立足于学校层面的课程开发，注重结合学校的实际情况和特色进行微课设计；信息化模式则充分利用信息技术手段，构建交互式的学习环境，提升微课的互动性和趣味性；整合模式则融合了前两种模式的优点，注重翻转学习与其他学习方式的整合创新，以实现更加高效和灵活的学习方法。

微课程开发的国内外研究与实践表明，传统的学习文化正在发生深刻变革，多种学习方式的交互将成为未来教育的发展趋势。微课程作为这一变革的重要推动力量，在丰富泛在学习的课程资源、促进教师专业发展、扩大成人继续教育、促进学校课程特色化、建构网络学习共同体以及实现个性化学习等方面具有巨大的应用价值。因此，我们应积极探索和实践微课程的设计与整合，以推动教育教学的创新和发展。

1. 微课程设计的基本步骤

（1）筹划内容连贯性。首先，需对某门课程的整体内容进行深入剖析，识别出哪些知识点或技能点具有内在的逻辑连贯性，适合进行微课设计与开发。这一步骤要求设计者具备对课程内容全面理解和把握的能力，能够准确划分出既相互独立又相互关联的知识点单元。

（2）撰写系列化设计脚本。基于筹划的内容连贯性，需要撰写一系列微课的设计脚本，明确每个微课的主题、目标、内容结构、教学方法等。同时，提出系列微课设计与开发的逻辑结构图，确保各个微课之间既有独立性又能形成完整的知识体系。

（3）开发组件式课程。利用现代信息技术手段，如视频编辑、动画制作等，设计并开发一个个微课。这些微课应具有独立性和可拼接性，既可以单独使用，也可以按照逻辑结构图进行组合，形成完整的课程体系。此过程需注重技术的选用和链接技术的运用，确保微课之间的顺畅衔接。

（4）应用实验与翻转教学。将开发好的微课程应用于实际教学中，通过网络平台进行翻转教学的实践探索。这一步骤旨在检验微课的教学效果和实用性，同时收集学生的反馈意见，为后续的优化提供依据。

（5）行动研究与效果检验。选择典型个案教师（或自己）作为研究对象，设计详细的行动方案，在利用微课视频的教学过程中进行行动研究。收集实验数据，包括学生的学习成绩、学习态度、学习行为等，最后进行效果检验，评估微课教学的有效性。

（6）评估与策略提出。对已形成的微课开发与实施方案和结果进行全面评估，分析微课在常规课堂教学中的融入效果。基于评估结果，提出微课融入常规课堂教学的有效策略，为后续的微课开发和教学提供指导。

2. 微课程的内容设计深化

（1）精准选择教学内容。微课程的内容设计应聚焦于知识点的微型化处理，这要求设计者能够准确识别出课程中的核心知识点，并依据"微目标"的标准和最小粒度原则进行切割。选择的内容应主题鲜明、针对性强，不追求内容的系统化覆盖，而是注重知识点的精准和深度。

（2）精细化、微型化处理。采用微内容结构脚本对知识点进行切割处理，将传统教学中的整体内容分割成"主题—话题—学习对象"三个层次。其中，学习对象是承载单个知识点的最小单元。在设计视频时，应以学习对象的具体知识点为单位进行制作，必要时可根据实际情况对学习对象进行适当组合，以形成更加紧凑和高效的教学内容。

3. 微课程的媒体设计优化

（1）合理运用视听媒体技术。在微课的媒体设计中，应充分发挥视听媒体技术的优势。对于课堂实录型视频，要合理把握教学内容导入节奏，采用适当的景别和镜头调度来引导学习者的注意力；对于内容演示型视频，要明确录制重点，凸显学习内容，确保解题演示或操作细节与讲解声音同步。同时，要注重音质清晰饱满和语调富有启发性。

（2）强化画面设计。画面是微课视频中最重要的元素之一，直接影响着学习者的视觉体验和学习效果。因此，在微课的媒体设计中应特别注重画面的设计。要追求画面的美感、清晰度和视觉冲击力，通过合理的构图、色彩搭配和动画效果来吸引学习者的注意力并激发他们的学习兴趣。

（3）优化声音处理。声音是微课视频中不可或缺的元素之一。在讲授过程中，教师应保证声音的圆润饱满和语言的标准流畅，同时注重语速的适中控制。在背景音乐的选择上，应选用轻音乐或安静、轻松的音乐风格，避免使用喧闹或过于欢快的音乐。此外，还可以适当添加一些环境音来营造真实的学习氛围。

（4）巧妙运用效果技术。效果是技术手段在微课中的体现之一，在微课的媒体设计中可以巧妙运用动画效果、三维建模等技术手段来增强视频的吸引力和表现力。这些效果的运用应紧扣教学内容和主题，避免过度使用或滥用导致分散学习者的注意力。

（5）凸显特色与创新。一节微课或一个系列微课都应该体现出自身的特色和创新点，这可以体现在教学环节的设计、教学模式的创新、专属标志（LOGO）的设计等方面。开发者应努力使微课拥有自己的独特风格和特点，以吸引学习者的注意并留下深刻印象。

4. 微课程的可用性设计

在微课的设计与开发过程中，我们必须深刻认识到，视频的艺术表现力和情境感染力是吸引学习者注意力、提升学习效果的关键因素。因此，加强这两方面的设计至关重要。同时，始终将用户体验置于首位，深入了解并满足学习者的需求，是微课设计不可动摇的原则。为了实现这一目标，教师在制作微课时，应深入思考如何巧妙地捕捉并持续保持学习者的注意力，通过创设丰富多样、自由快乐的学习体验，让学习者在轻松愉悦的氛围中掌握知识、提升能力。

微课作为技术专家、计算机公司与教师三方共同打造的教学技术精品，其设计与开发需从多个层次进行细致考量。在本能水平的设计上，我们应注重微课的视觉外观和听觉感受，通过精美的画面、舒适的色彩搭配以及悦耳的音效，为学习者提供一场视觉与听觉的盛宴，从而激发他们的学习兴趣。在行为水平的设计上，我们不仅要关注课程的实用性和有效性，更要站在学习者的角度，思考如何设计教学过程才能使他们获得连续且有起伏的情感体验，以及及时、准确的认知反馈。这要求我们在设计时要注重教学环节的连贯性、趣味性和互动性，确保学习者能够积极参与、主动探索。

而在反思水平的设计中，我们则需着重考虑反馈和评价机制的设置。通过科学合理的反馈和评价设计，引导学习者自我强化对知识点的记忆，同时获得深刻的情感驻留。这样，学习者不仅能够在微课学习中取得良好的知识掌握效果，还能够实现自我反思、自我评估、自主管理和自主改进，从而培养出自主学习的能力和习惯。

综上所述，微课的设计应全面而细致，既要精选课题与素材，确保教学内容的针对性和实用性；又要精简教学设计思路，突出教学环节的紧凑和高效；更要精炼教学内容与过程，以及精致教学表达方式，以凸显教学主题、引导学生思维、展现教师专业功底。微课虽短，却应是一节教学环节完整、教学要素齐备的浓缩版常规课，让学习者在短暂的时间内获得最大的学习收益。

三、微课程的教学价值

基于虚拟技术和信息通信技术而开发的微课在教育教学中具有越来越重要的应用价值。归纳相关研究，其应用价值主要体现在：

1. 个性化学习的得力助手，课前预习与课后巩固的优选

随着现代社会学习媒体技术的迅猛发展，学习时间逐渐呈现出碎片化趋势，学习场景也日益移动化、泛在化、智慧化。在此背景下，翻转学习作为一种创新的教学方法应运而生。翻转学习鼓励教育者在学科教学中，将教学指导从传统的小组学习空间向个体学习空间拓展，从而构建出一个动态的、交互的学习环境。这种教学方法不仅提升了学习的灵活性，还极大地激发了学习者的自主学习能力。

微课，作为交互学习环境中的重要课程资源，以其学习难度小、内容聚焦、终端载体多样化以及使用便捷等显著特性，在虚拟课堂中的应用尤为突出。通过翻转课堂的模式，微课能够整合多种教学方法，有效减轻教师的授课压力，使教师从烦琐的重复性教学中解脱出来。这样，教师就能将更多的时间和精力投入到与学生个人发展息息相关的指导中，如人际交往能力的培养、生涯规划的制定等，从而为学生提供更加全面、个性化的教育服务。

2. 丰富泛在学习资源，推动学校课程特色化与教师专业化的重要力量

微课不仅可以在常规课堂中作为课例或教学资源使用，还能作为区域信息化教育教学资源，通过资源共享的方式，为各级各类教师提供便捷、高效的教学支持。相较于传统的多媒体课件，微课内容更加聚焦，学习时间短，开发难度低，不需要复杂的计算机编程技术。这使得教师能够轻松上手，通过简单的培训就能制作出符合自己教学需求的微课。这种低门槛、高效率的开发模式，极大地激发了教师参与微课设计和制作的热情，促进了教师专业化、信息化水平的提升。

同时，教师共同合作进行微课开发，还有助于实现学校课程的特色化。通过共同探讨、设计微课内容，教师们能够结合学校的实际情况和学生的学

习需求，打造出具有学校特色的微课资源。这些资源不仅能够丰富学校的课程资源库，还能提升学校的教学质量，形成独特的学校文化。

3. 降低教学成本，实现工作学习双赢

微课资源以其可视化、课程短的特点，非常适合移动学习场景。对于成人学习者而言，他们往往因为工作繁忙而无法抽出完整的时间进行学习。微课的出现，正好满足了他们的这一需求。通过移动设备，成人学习者可以随时随地进行学习，充分利用碎片时间，提高学习效率。

在成人继续教育中，同一课程可以使用同一套系列微课作为培训课程，也可以根据学习者的实际需求进行组合。这样，不仅可以减少培训者因多次单调重复教授同一内容而产生的厌倦情绪，还能有效降低重复教学的成本。同时，微课的引入并不意味着教师可以被完全替代。相反，它使得教师能够腾出更多时间进行创造性的劳动，如课程设计、教学方法创新等，从而进一步提升教学质量。

随着全球范围内知识分布渠道的快速扩展，学习也呈现出分布式、移动化和个性化的趋势。当前，国内已有不少远程教育机构和高校继续教育学院开通了移动学习平台，为学习者提供丰富的微型学习资源。可以预见，在未来的在线成人继续教育中，微课将发挥更加重要的作用，为学习者提供更加便捷、高效的学习体验。

4. 实现教学研训一体化的有效途径

微课最初起源于训练职前教师的微格教学中的视频录制。然而，由于当时技术条件的限制，微格训练的微视频并未能产生广泛的网络聚集效应，其价值也因此被忽视。如今，互联网和云技术的快速发展为微课程建设提供了有利的运行环境。基于微视频课程的教学、研讨和培训变得更加灵活、更有针对性和适切性更强。

微视频资源粒度小、指向性和目标性明确，非常适合作为培训案例。在远程培训中，可以依托微课资源形成灵活有效的培训方案。通过现场实训、在线视频学习以及多方多维的研讨（包括现场研讨、线上研讨、线下研讨和混合研讨）等方式，实现课堂互动，提高课程资源的使用率。同时，这种培训方式还能激发受训者的积极性，提升培训质量。此外，它还能节省人员培训往来的时间和空间成本，使得教师能够更加专注于专业发展本身。因此，微课在各级各类、职前职后的教师专业发展培训中具有广阔的应用前景和重要价值。

5. 泛在学习资源的新维度，助力虚拟社区学研共同体构建

随着信息技术的飞速发展，微课作为一种新兴的泛在学习资源，正逐步渗透到教育的各个角落，为虚拟社区学研共同体提供了新的学习方式和交流方式。基于网络的微课资源平台，以其独特的优势，实现了虚拟现实与现实情景的无缝交互，为教师、学生、管理者和家长等学研共同体的成员在教学研讨、备课交流、作业辅导、生活指导等方面提供了强有力的支持。这一平台的出现，不仅丰富了学研共同体的学习资源和交流渠道，还推动了虚拟社区向学习、工作、生活和娱乐一体化整合模式的迈进。

在我国，随着对虚拟社区网络结构与网络教育效果研究的日益深入，网络教育技术正逐步成为指导虚拟学习社区教学实践的重要力量。它不仅能够强化虚拟学习社区的网络教育效果，还能够根据学习者的需求和特点，提供更加个性化和高效的学习体验。当前，学习模式的改革正朝着班级差异化教学、小组合作研究性学习、个人兴趣拓展学习、网众互动生成性学习等多元化方向迈进。微课，作为信息化的教学资源、翻转课堂的自学资源、个体差异学习和自步调学习的支持性资源，以其灵活便捷、易于获取的特点，为教师和学生提供了极大的学习便利，满足了学习者对资源适时性和易得性的需求，推动了学习方式的深刻变革。

6. 微课程在实际教学中的多维度价值体现

微课在实际教学中的应用，不仅为教学带来了革新，更为教师的专业成长和学生的学习效果提供了有力保障。

（1）微课的制作过程本身就是对教师信息技术水平的一次全面提升。从教学理念的梳理、知识点的选择，到 PPT 课件和 Flash 动画的制作，再到视

频编辑软件的运用，每一个环节都需要教师熟练掌握并灵活运用多种信息技术手段。这一过程不仅锻炼了教师的技术操作能力，还促进了信息技术与学科教学的深度融合，提升了教学的现代化水平。

（2）微课的明确知识点和严格时间限定，促使教师必须精准把握教学目标，提高备课效率。在微课的制作过程中，教师需要反复推敲教学内容，确保每一个知识点都能得到清晰、准确的呈现。同时，微课的短小精悍也要求教师在有限的时间内完成教学任务，这无疑对教师的备课能力和教学效率提出了更高的要求。此外，微课制作完成后，教师还可以通过观看自己的微课视频，从听课者的角度审视自己的教学，发现并反思教学中的不足，通过不断的修改和完善，促进自身的专业成长。

（3）微课不仅为教师个人反思和改进教学提供了有力工具，还为校本研修和科组教研提供了宝贵的资源。以微课为载体的教研活动，操作灵活方便，能够引导参与教研的教师围绕某个主题进行深入细致的研讨、互动和交流。这种基于微课的教研方式，不仅有助于教师对课堂教学中的问题进行深刻认识和理解，还能够有效提升教师的专业化发展水平，推动学校教学质量的整体提升。

（4）微课作为优质教育资源的载体，实现了资源的共享与利用。近年来，全国多地教育部门纷纷举办微课大赛活动，吸引了大量教师的积极参与。这些微课作品通过微课程资源平台上传并分享，为中小学教师提供了丰富的教学资源和参考案例。教师们足不出户就能免费享用这些优质资源，随时随地进行教学研究和经验交流，实现了教育资源的优化配置和共享利用。

四、微课程的评价

建构主义课程观倡导了一种全面而深入的评价理念，它强调课程评价应贯穿于课程实施的全过程，注重对知识建构过程的评估而非仅仅关注最终结果。这种评价理念具有鲜明的过程性、情境性和多元性特征。过程性意味着评价不仅关注学习的终点，更重视学习过程中的每一步探索和尝试；情境性则要求评价者充分考虑课程实施的具体环境，确保评价标准与丰富的背景信息相契合；多元性则体现在评价标准的多样化上，鼓励从多个维度和视角对课程进行综合评价。

微课程的评价同样应当遵循这一理念，成为一个多元、过程性、情境性的评价过程。在评价微课程时，我们不应仅仅局限于对微课内容本身的评估，还应深入考察教师的教学方法和手段是否得当，以及学生在微课学习中的实际表现。同时，评价的范围也应拓展至微课的方案设计、实施过程等多个方面，以确保评价的全面性和准确性。

微课程评价的主体同样应呈现多元化，学校、教师、学生、家长乃至社区都可以成为评价的主体，共同参与到微课程的评价中来。这种多元化的评价主体能够确保评价结果的客观性和公正性，同时也能够促进各方之间的沟通与协作，共同推动微课程质量的提升。

在评价方式的选择上，我们应摒弃传统的结果性评价模式，转而采用过程性评价，将课前评价、课中评价和课后评价相结合，形成一个完整的评价链条。这样的评价方式能够更全面地反映学生的学习过程和学习效果，为教学改进提供有力的依据。

要真正实现对微课程的有效评价，我们还必须深入到具体的教学情境中，观察教师的教学行为和学生在课堂上的表现。通过将课程评价标准融入实际的课堂情境中，我们能够更准确地评估微课程在实际教学中的效果和价值，从而提高评价的效度和信度。

总之，衡量微课程质量的最核心标准仍然是学生的学习效果。一个优秀的微课应当能够帮助学生快速、有效地掌握知识，提升他们的学习能力和学习兴趣。因此，在制作微课时，我们必须从学生的角度出发，充分考虑他们的学习需求和认知特点，确保微课内容既符合教学要求又能够激发学生的学习兴趣。同时，我们也应参考教育部等相关机构提出的微课评审标准，结合中小学和高校的不同教学特点，制定出更加科学、合理的微课评价标准和方法。在选题、设计、讲解、表现以及效果等五个方面下功夫，确保微课的质量与效果达到最佳状态。

五、微课程的设计和制作

（一）深度理解微课程的"四微特点"

"课程"这一概念，涵盖了学校为学生所规划的全部学习领域及其有序的进程与安排。从广义的角度来看，它涉及学校为实现既定教育目标而精心挑选的教育内容及其实施过程的总和，这既包括了传统意义上的各学科教学，也包含了各类有目的、有计划的教育实践活动。而狭义上的课程，则特指某一具体的学科或知识领域。课程的设计与实施，实质上是"学程"与"教程"的有机结合，既关注学生的学习路径，也重视教师的教学引导。

微课，作为课程领域的一种创新形式，以其短小精悍的特点区别于常规课程，如实习、技能训练、暑期实践等较长周期的课程。尽管微课在时长上有所缩减，但它同样具备完整的教学大纲、计划和过程，是常规课程的一个精致缩影。微课的核心在于，它通过精心的信息化教学设计，以流媒体的形式，针对某个具体知识点或教学环节，开展简短而完整的教学活动。其目的在于实现学习者的自主学习效果最大化，强调以学生为中心的教学理念，而非单纯从教师的角度出发进行内容制作。

微课虽小，但其价值不容小觑。它虽"位微"，却"不卑"，以其独特的魅力和显著的教学效果，在教育资源中占据重要地位。微课的"课微"，并不意味着其教学意义的渺小，相反，它往往能以点带面、触及知识的核心，其教学效果有时甚至超越了几十节传统课程。在知识传授上，微课遵循"小步子原则"，每个微课聚焦于一两个知识点，看似进展缓慢，实则稳扎稳打，确保了学习效果的稳固提升。而微课的"效微"，更是体现了积少成多、聚沙成塔的智慧，通过持续的知识积累和微学习，学习者能够逐步构建起完整的知识体系，获得深刻的理解和智慧启迪。因此，微课以其独特的优势，成为了现代教育中不可或缺的重要组成部分。

（二）微课程的"十大特征"深度解析

微课，作为现代教育领域的一股清新之风，以其独特的教学形式和内容呈现方式，正逐步改变着人们的学习方式和学习习惯。尽管微课通常只聚焦于一两个知识点，看似缺乏传统课程体系的系统性和全面性，但它实际上是针对特定目标人群、传递特定知识内容的精准教学工具。一组微课所构成的知识网络，同样能够覆盖广泛且深入的学习需求。以下是对微课十大特征更为详尽的阐述：

1. 主持人讲授性

微课中的主持人可以是教师、专家或行业领袖，他们通过出镜讲解或话外音的方式，将知识点以生动、直观的形式呈现给学习者。这种面对面的交流感，有助于增强学习者的学习体验和记忆效果。

2. 流媒体播放性

微课采用视频、动画等流媒体形式进行播放，使得学习不再受时间和空间的限制。学习者可以随时随地通过网络访问微课资源，实现灵活、便捷的学习。

3. 教学时间较短

微课的教学时长通常控制在 5～10 分钟，最短可能仅 1～2 分钟，最长也不宜超过 20 分钟。这样的时间设置既符合学习者的注意力集中规律，也便于学习者在碎片化的时间里进行高效学习。

4. 教学内容较少但精准

微课聚焦于某个学科知识点或技能点，内容精炼、重点突出。这种"小而精"的教学方式，有助于学习者快速掌握核心知识，提高学习效率。

5. 资源容量较小，便于传播

微课的视频文件通常较小，适合在移动设备上播放和存储。这使得学习者可以随时随地通过手机、平板等移动设备进行学习，实现真正的移动学习。

6. 精致教学设计，提升学习效果

微课的制作过程需要经过精心的信息化教学设计，包括教学目标、教学内容、教学方法、教学评价等多个环节的规划和实施。这种精致的教学设计，有助于确保微课的教学质量和效果。

7. 经典示范案例，增强实践应用

微课中通常会包含真实的、具体的、典型案例化的教与学情境，这些案例既能够加深学习者对知识点的理解，又能够引导学习者将所学知识应用于实际情境中，提高实践能力和解决问题的能力。

8. 自主学习为主，培养自主学习能力

微课是一种供学习者自主学习的课程形式，它强调学习者的主体地位和自主学习能力的培养。通过微课学习，学习者可以根据自己的学习进度和兴趣选择学习内容，实现个性化学习。

9. 制作简便实用，降低制作门槛

微课的制作可以通过多种途径和设备完成，如手机拍摄、录屏软件等。这种简便实用的制作方式，使得更多人能够参与到微课的制作和分享中来，推动教育资源的共享和普及。

10.配套相关材料，完善学习体系

微课通常需要配套相关的练习、资源及评价方法，以帮助学习者巩固所学知识、拓展学习深度和广度。这些配套材料不仅能够丰富微课的教学内容，还能够为学习者提供更为全面、系统的学习体验。

（三）微课程的"三合"深化解析

微课，这一教育领域的创新形式，虽小巧却蕴含大学问。要打造一堂高质量的微课，必须紧握"三合"原则这把钥匙。

首先，与常规课程的紧密结合是微课的灵魂。微课不应孤立存在，而应成为常规课程的有益补充，针对课程中的难点、疑点或核心知识点进行深度剖析，助力学生突破学习瓶颈，实现知识的内化与迁移。

其次，微课需与课程特色相融合。每一门课程都有其独特的魅力与风格，微课应成为展示这种特色的窗口。通过精心挑选内容、设计形式，让微课成为课程的一张亮丽名片，加深学生对课程的理解与喜爱。

最后，微课还需与学生的学习兴趣相契合。兴趣是最好的老师，微课应紧扣学生的兴趣点，将枯燥的知识点以生动有趣的方式呈现，激发学生的学习兴趣，提升其学习效果。

（四）微课程建设的"五大重点"深入剖析

在微课建设的道路上，有五大重点不容忽视。

（1）教学设计需精心。微课虽小，但结构需完整，包括引人入胜的开头、条理清晰的授课、有效互动与总结收尾，而非简单截取长视频课程的一段。

（2）教学内容需有特色。微课应成为一堂精彩的短课，通过独特视角、新颖案例等，让内容生动有趣，避免平铺直叙。

（3）多媒体技术需丰富。充分利用动画、图表、音视频等多媒体手段，让微课内容更加直观、生动，提升学生的学习体验。

（4）拍摄制作需精致。微课时间短，每一秒都弥足珍贵。因此，需注重拍摄质量，避免口误、重复等瑕疵，同时注重教师的仪表、动作、语言等细节，确保学生全神贯注。

（5）开场两分钟需抓人。微课的开头至关重要，需迅速吸引学生的注意力。因此，应精心设计开头，通过有趣的话题、引人入胜的故事等方式，让学生一见钟情。

（五）微课程的类型与制作方法详解

微课类型多样，如讲授类、问答类、启发类等，每种类型都有其独特的魅力。在加工制作时，可根据课程内容与学生需求灵活选择。

制作方法也丰富多样，如摄像机拍摄、录屏软件录制等。在条件允许的情况下，应尽量追求高标准制作，确保微课的画质、音质等达到最佳效果。

同时，也可根据实际需求与条件限制，选择适合的制作方法，让微课更加平民化、便捷化。

微课摄制是一个系统而复杂的过程，需注重以下五个环节：

（1）首先是拍摄环节。拍摄场地需具备良好的吸声效果与充足的光线。摄像设备的位置、景别等也需精心安排，确保拍摄效果清晰、美观。

（2）其次是录音环节。选择高质量的无线话筒，确保声音清晰、保真。后期还需进行降噪、声道处理等，提升音质效果。

（3）接着是编辑环节。镜头内容需符合视觉习惯与思维规律，镜头组接需合乎逻辑与轴线规律。同时，还需注重景别、光线、色调的过渡自然等细节处理。

（4）然后是 PPT 制作环节。根据微课内容与形式需求，选择适合的 PPT 制作方法。如摄像机拍摄投影屏、VGA 信号单独录制等。无论哪种方法，都需确保 PPT 内容清晰、制作精良。

（5）最后是字幕制作环节。字幕是微课的重要组成部分，需注重规范性、清晰性与美观性。片头字幕、片尾字幕、唱词与字幕条等均需精心设计，确保观众能够轻松理解微课内容。通过这五个环节的精心打造，一堂高质量的微课便应运而生。

（六）微课程中教师的"五大挑战"与"四识"深度剖析

教师作为微课建设与教学实践的核心力量，面临着诸多挑战。以下是对这五大挑战的深入剖析：

1. 能否精准把握课程知识

微课的制作要求教师具备深厚的专业功底和全面的知识储备。教师需要深入剖析课程内容，打破原有的知识框架和教学体系，重新整合教学内容，以确保微课的精准性和针对性。这要求教师不仅要熟悉教学内容，还要具备高度的知识驾驭能力，对教学内容能够灵活运用。

2. 能否熟练掌握教学技巧

在有限的时间内将知识讲解得清晰明了，是对教师教学技巧的极大考验。教师需要熟练掌握各种教学工具和方法，如多媒体教学、互动教学等，同时要注重教学过程的每一个环节，包括导入、讲解、示范、练习等，以确保微课的教学效果。

3. 能否勇于变革教学模式

微课的应用需要与传统教学模式相结合，形成新的教学模式，如翻转课堂等。这要求教师具备变革教学的勇气和决心，愿意尝试新的教学方法和理念，以充分发挥微课的优势。

4. 能否深入了解学生需求

微课应以学生为中心，满足学生的学习需求。教师需要换位思考，深入了解学生在学习过程中的困惑和需求，从而设计出更符合学生需求的微课内容。

5. 能否体现育人目标

教师在传授知识的同时，还要注重培养学生的品德和素养。微课作为教育的一种新形式，也应承担起育人的责任。教师需要巧妙地将教育思想和为人处事的原则融入微课中，让学生在学习的同时受到潜移默化的教育。

要迎接这些挑战，教师必须不断提升自身素养和能力，做到"四识"：

（1）有认识。对微课有深刻的理解和认识，明确微课在教育中的重要地位和作用，以及微课制作和应用的基本要求。

（2）有胆识。具备教学改革的勇气和决心，敢于尝试新的教学方法和理念，勇于面对挑战和困难。

（3）有知识。具备扎实的学科专业知识和教育教学理论，能够熟练掌握微课制作的技术和方法，确保微课的质量和效果。

（4）有共识。与同事、学生及家长形成微课传播知识的共识，共同推动微课在教育中的应用和发展。

（七）微课程建设推进的"五个对策"详细阐述

学校作为管理者，在推进微课建设时应注重以下五个方面：

1. 研究制定政策机制

学校应建立完善的微课建设政策体系，包括鼓励措施、奖励机制等，以激发教师参与微课建设的积极性。同时，要将微课建设纳入课程建设体系，与教师的评聘、晋升等挂钩，形成有效的激励机制。

2. 选拔培育课程制作者

学校应重视一般课程和年轻教师的潜力，通过选拔和培育，发掘出更多优秀的微课制作者。要给予他们充分的支持和鼓励，帮助他们不断提升微课制作水平，形成一批高质量的微课资源。

3. 大力开展微课培训

针对许多教师对微课制作不熟悉的情况，学校应组织专门的培训活动，邀请专家讲座和示范，让教师全面了解微课的制作流程和技术要求。同时，还可以建立微课制作交流平台，方便教师之间互相学习和交流经验。

4. 组建技术支持队伍

学校应组建一支稳定的技术支持队伍，由现代教育技术中心、信息中心等技术部门的专业人员组成。他们应负责为教师提供技术指导和帮助，解决教师在微课制作过程中遇到的技术难题，确保微课制作的顺利进行。

5. 注重宣传推广

学校应将微课的制作、推广和应用作为一项重要活动来开展。通过举办微课大赛、优秀微课展示等活动，提高微课的知名度和影响力。同时，要加强与校内外媒体的合作，将优秀微课资源推向更广阔的平台，让更多人受益。

第三节　智博微课与制作流程

一、智博微课概述

智博微课，这一创新性的教育模式，是紧密围绕学生学习实际，致力于提升学生学习能力，并深度融合智学课堂建设理念而精心打造的跨学科课程应用体系。它以碎片化学习为基石，推动学习模式由传统的接受型向更为开放、自主的方向转变，既关注每一个学生的个性化需求，又兼顾全体学生的共同发展。在微课的开发过程中，全面考量了知识的接受度、覆盖面以及延展性，力求构建一个既全面又深入的知识体系。

智博微课以接受型微课为起点，但并未止步于此。它根据学生不同的学习状况和需求，分阶段、有重点地开发了多种类型的微课，如深入浅出的讲解型微课、激发探索欲望的探索型微课、融入文化元素的育人型微课以及寓教于乐的活动型微课。这些微课旨在让学习能力较强的学生得到进一步的拓展和提升，同时帮助学习能力稍弱的学生巩固基础、查漏补缺。

智博微课的设计过程注重从多个维度入手，确保微课的高质量和实效性。从选题、破题的精准把握，到内容的精心提炼和打磨；从知识内在结构的严谨构建，到课堂内外知识的有效延伸；从学生认知型知识的形成过程，到探索型知识的深入挖掘；从知识的横向结构梳理，到纵向联系的紧密构建；从知识呈现的时长控制，到技术特点和艺术效果的双重考量，智博微课力求在每一个细节上都做到尽善尽美。

智博微课不仅是一个微课或微课程体系的简单概念，它更代表着一种教学方式的深刻变革和教学理念的全面更新。在设计中，"智"的体现无处不在，从选题的精巧构思，到知识切入点的准确把握，再到知识拓展点的合理设置，以及微课制作者与观看者之间知识体系的深度交流和时空的跨越性互动。而"博"则体现在知识的广泛覆盖、受众的多元包容以及技术的全面应用上，构成了新型综合性知识资源的核心内涵。

此外，智博微课的设计还超越了单纯的知识性和实用性层面，更加注重体系性、艺术性和可观性的全面融合。从片头的创意设计到色彩搭配的和谐统一，从字体、字号的精心选择到画面结构性美感的营造，再到转场蒙太奇效果的巧妙运用，每一处都彰显了智博微课的精品性、高端性、实用性、美观性和体系性原则。特别是体系性原则的严格遵循，确保了微课从课主题的确立到最终完善发布的每一个环节都经过精心打磨和反复推敲，成为经得起实践检验、耐得住时间考验的精品之作。

因此，智博微课在设计时不仅要求设计者具备对关键知识和精品课程的碎片化解构与重组能力，还要充分考虑接受者在特定网络环境和硬件条件下的短时学习效果。同时，更要注重接受者在体系化学习环境中的提前预习和二次学习的可行性与效果评估。通过抓住要点、突出亮点、找准关键点的方式，以点带面、以小见大，从细微之处入手，做好"大文章"，在微小之处展现"大智慧"。

二、智博微课的亮点

智博微课与一般微课的主要区别在"智"与"博"上，具体为二"智"二"博"，即选题机智、编排机智，内容广博、受众优博。

（一）智博微课的选题

在小学数学智博微课的设计中，我们聚焦于"让学生学会学习"这一核心主题，旨在通过精细化、针对性的微课内容，引导学生掌握学习方法，提升自主学习能力。选题作为微课设计的起点，我们遵循教育教学的实际需求，采用多种策略精准定位。一方面，我们可以根据教学类型选题，如针对计算教学选择《加法运算律的巧妙运用》，或针对几何学习设计《图形的密铺与拼接》，确保内容与教学大纲紧密贴合。另一方面，我们深入分析学生的学习现状，针对普遍存在的难点和热点，如六年级学生在《确定位置》中常混淆的"北偏东"与"东偏北"，设计微课进行专项突破。同时，我们不回避教学中的实际问题，如五年级《分数的意义》中单位"1"的认知难题，直接将其作为微课主题，力求通过微课解决学生的困惑。此外，我们还鼓励教师自编课题，如基于三年级长方形、正方形周长和面积的学习，设计《周长与面积的异同及应用》，以实现对教材内容的深度挖掘和拓展。

在设计过程中，我们坚持"以学论教"的理念，注重学生的参与体验和发展成长。智博微课的设计不仅要求内容精炼、重点突出，更要体现教学活动的精心设计和学生学习路径的清晰规划。我们采用"破题—构题—解题"的设计思路，首先明确微课要解决的问题（破题），然后围绕问题构建知识框架和教学活动（构题），最后通过具体的例题、练习和反思环节，引导学生逐步解决问题，掌握方法（解题）。在这一过程中，我们特别关注学生的生长点，即在学习过程中的关键节点和能力提升点，通过设计引导性问题、提供探究性学习资源、设置分层练习等方式，激发学生的学习兴趣，促进他们的深度学习和思维发展。

总之，小学数学智博微课的设计是一个系统工程，需要教师从选题到内容构建，再到教学活动设计，全面考虑学生的学习需求和成长规律，以精炼、高效的方式呈现教学内容，引导学生在参与中体验，在活动中发展，最终实现学会学习的目标。

1. 破题：深入剖析任务，巧妙有效引入

每一节数学课都承载着明确的教学任务，这些任务不仅涵盖了认知技能的传授，还涉及教学思考的培养、情感态度的激发以及价值观的塑造。因此，教师在设计问题时，必须紧密围绕这些教学目标，确保问题既具体又明确，避免提出如"你发现了什么？"这样过于笼统、缺乏针对性的问题。为了有效引入新课，教师应善于从生活情境中提炼出数学问题，运用数学语言进行表述，同时充分发挥情境教学的优势，避免让情境成为课堂教学的"摆设"。

在设计教学情境时，教师应注重情境的现实性，尽量取材于学生的日常生活，使学生感受到数学与生活的紧密联系，从而产生对数学学习的亲切感。此外，教学情境还应具备时代性和新颖性，以符合当前信息社会学生的认知需求。教师应以动态、发展的眼光看待学生，认识到学生能够通过多种渠道获取信息，因此创设的情境也应紧跟时代步伐，避免陈旧、单一的"复习型"导入方式，以免引发学生的厌倦情绪。情境的表现形式应多样化，以适应不同年龄段学生的心理特征和认知规律，同时根据教学内容的变化而灵活调整。值得注意的是，并非所有课程都适合用情境引入，对于某些难以创设情境的教学内容，直接、明了的开门见山式导入可能更为有效。

2. 构题：聚焦核心主题，创新教学方式

在构题阶段，教师应首先为学生提供充分的动手操作机会。正如俗语所说，"实践出真知"，学习不仅源于实践，更服务于实践。因此，在数学教学中，教师应鼓励学生通过摸一摸、拼一拼、移一移、折一折、剪一剪等具体的动手操作活动，获取丰富的感性认识。随后，通过大脑的加工和整理，学生可以从表及里、由浅入深地分析这些感性认识，去伪存真，最终发现学习的奥秘并总结出规律。

除了动手操作外，教师还应积极创设交流探讨的机会。在教学中，教师应扮演组织者和引导者的角色，为学生搭建合作交流的平台。通过让学生将自己的观点、想法讲给大家听，并接受其他同学的讲评，学生可以在"说算理""说关系""说想法""说过程"等一系列"动口"活动中，用语言清晰地表达自己的思维过程。这种交流不仅有助于培养学生的思维能力，还能加强学生间的互动与合作，使他们相互学习、共同进步。

3. 解题：精准点拨思考，深入探究主题

在教育过程中，教师必须充分认识到学生个体的差异性，并尊重这种差异。承认差异、尊重差异是现代教育的重要观念之一，也是以人为本教育理念的体现。同时，人人参与也是自主学习的重要特征。因此，教师在开展教学活动时，应全面了解学生的共同特点及个性差异，既要面向全体学生提出基本要求，又要兼顾不同学生的实际需求。

为了实现这一目标，教师应努力设计不同层次的问题，引导学生根据自身的生活经验和知识背景选择适合自己的数学活动。通过参与不同层次的数学活动，每个学生都能获得成功的体验，并在原有基础上得到不同的发展。这种分层设计的教学方式不仅有助于激发学生的学习兴趣和积极性，还能有效提升学生的数学素养和综合能力。同时，教师在解题过程中应给予精准的点拨和引导，帮助学生深入理解题目要求和解题思路，从而更好地探究数学主题并掌握知识技能。

（二）寻觅两只"眼睛"（课眼与题眼）：微课设计的精髓所在

眼睛，作为心灵的窗户，能够深刻反映人的风采与魅力。在教育的广阔天地里，各类教学内容也都有其独特的"眼睛"——对于微课而言，这便是"课眼"与"题眼"。所谓"课眼"，乃是整堂微课借以展开教学的核心与灵魂，它既是课堂教学的切入点与突破口，也是教学目标的聚焦所在，更是学生探求新知、激发思维的着眼点。抓住"课眼"，就如同点亮了知识探索的明灯，能够有效激活学生的思维，使他们能够有条不紊、系统地展开学习，深入掌握知识。

"课眼"不仅是微课设计的关键，更是学生主动探索的起点。教师在设计微课时，必须深入剖析教材的重点与难点，精准把握内容的精髓，从而捕捉到那颗熠熠生辉的"课眼"。通过精心设计、有效指导，让"课眼"在课堂上熠熠生辉，成为引领学生探索知识海洋的灯塔。如此，学生在活动中便不会感到手足无措、索然无味，因为他们清晰地知道自己要做什么、该怎么做以及为什么这样做。在这样的教学氛围中，微课便真正活了起来，变得充实而富有成效，知识也得以内化为学生的智慧。

（三）微课编排贯通三条线索：构建完整教学体系

1. 情感联系线：让微课充满温度与活力

情感教育并非仅限于语文、政治等特定课程，而是教育不可或缺的重要组成部分。无论是教书还是育人，都与情感教育紧密相连。在微课设计中，有意识地渗透情感教育至关重要，它能够激发学生的积极性、挖掘学生的潜力，使教学更加生动、有趣。

（1）在设计中预设情感，实现教学的升华。小学生的情感与生活紧密相连，因此，在设计微课时，教师应善于从生活中汲取素材，通过这些素材传达积极、正面的情感因素。例如，在设计《圆的周长》一课时，教师可以准备一些生活中的圆形物体，如碗底、茶杯底等，让学生感知圆的周长与以往平面图形周长的异同。通过小组合作交流的方式，引导学生分析、探索圆周长的计算方法。这些贴近生活的"圆形"素材能够激发学生的探究欲望，使他们在愉快的氛围中掌握知识。

（2）在合作中渗透情感，促进师生、生生之间的情感共鸣。情感的渗透需要充分地交流。在微课设计中，教师可以根据教学内容设计小组合作环节，让学生以互助合作的方式学习、分享、探究。在这个过程中，学生之间、师生之间可以进行深入的交流，增进彼此的了解与信任。这种积极的课堂氛围能够调动学生的积极性、主动性，产生情绪"升腾"作用，促进学生之间、师生之间的情感共鸣，培育深厚的友情与师生情。

（3）在过程中感悟情感，提升学习效率与勇气。愉快的情感体验对于提高学生的学习效率、增强他们克服困难的勇气和信心具有至关重要的作用。因此，教师在设计微课时，应构建一套系统、完善的情感教学体系，精选教学方法，充分发挥情感对学生学习、成长的积极作用。具体来说，应做好以下几个阶段的设计：

① 学习准备阶段。以情绪唤醒、情绪体验为主，教师应根据学生的学习状态，采用多元化的导入方式，承前启后地复习上节课的知识，并巧妙地导入新课。通过激发学生的学习兴趣，提高教学的一体化程度，唤起学生的探究欲望。一旦学生产生了浓厚的学习兴趣，教师在实际教学过程中只需稍加引导即可达到事半功倍的效果。

② 教学阶段。精心策划教学活动，调动学生感官与参与积极性。在教学阶段，教师应设计一些探究性的问题，引导学生自主思考、主动探究。通过这些探究活动，学生不仅能够掌握系统、扎实的基础知识，还能培养自己的探究能力、分析能力和解决问题的能力。同时，他们也能在探索过程中享受到学习的乐趣和成就感。

③ 教学反馈阶段。总结升华，提出针对性改进方案。在教学反馈阶段，教师应采用鼓励性的评价语言和多元化的评价方法，包括教师评价、学生自评和小组评价等。学生自评能够提高学生的自我观察和反思能力；小组评价

则能够提高评价的客观性和公正性。同时，教师应结合学生的学习档案记录，为他们提出针对性的改进方案和建议。这样不仅能够让学生更清晰地认识自己的优点和不足，还能促进他们之间的共享和合作精神的培养。

2. 逻辑推导线：深化教学理念，促进思维发展

教师在教学过程中，不仅要注重知识的传授，更要致力于能力的培养和思维的提升。以下是一条清晰的逻辑推导线，旨在通过教学理念、问题化设计以及具象思维向抽象思维的转化，全面推动学生的数学学习。

（1）设计理念深化。新课程标准明确提出了数学学习的基本理念，即人人学有价值的数学，人人都能获得必要的数学，且不同的人在数学上应得到不同的发展。这一理念强调了数学的普及性和个性化发展，要求教学设计紧密贴近生活实际，实现"生活问题数学化"。教师应将这一理念深植于心，确保教学内容既具有实用性，又能激发学生的学习兴趣，使每个学生都能在数学学习中找到属于自己的价值。

（2）问题化设计理念的贯彻。教学设计时，教师应巧妙地将教与学融入各种富有挑战性和趣味性的问题情境中。问题的提出是思维的起点，也是知识学习的关键。通过设计生动有趣且富有思考的问题，教师能够引导学生进入积极的思考状态，促使他们主动探索、发现知识。问题化设计的核心在于激发学生的思考，让他们在用脑学习的过程中，不断锻炼和提升思维能力。

（3）具象思维向抽象思维转化的路径探索。活动化设计理念是实现这一转化的有效途径。教师应将静态的教学内容转化为动态的教学过程，通过师生互动、学生动手操作等方式，打破传统"老师讲，学生听"的模式。在教学设计中，应注重学生的参与度和活动性，让他们在动手操作中感受数学、理解数学。这种活动化的设计不仅能够激发学生的学习兴趣，还能促进他们从具象思维向抽象思维的过渡，培养他们的逻辑思维和抽象思维能力。

在微课教学设计中，教师应结合学生的生活经验和理论分析，设计思考讨论环节，让学生的发散思维和系统逻辑思维能力得到同步训练。通过参与和体验，学生能够从直觉系统逐渐过渡到抽象思维系统，教师在这一过程中

应给予有效的引导和支持，以提高教学的实效性和针对性。

3. 知识延展线：拓展思维深度，提升数学素养

课堂教学知识的延伸与拓展是提升教学质量、培养学生多方面能力的关键环节。作为微课的重要组成部分，知识延展线是衡量微课深度与广度的标尺。

（1）设计开放习题，拓展延伸思维。拓展性习题具有思考容量大、挑战性强的特点，能够激发学生的求知欲和表现欲。通过设计这类习题，教师可以引导学生跳出固有模式，积极探索新的解题方法。同时，潜能生也能在解题过程中受到启发，提升能力。开放性习题具有发散性、探究性、发展性和创新性，能够激活学生的思路，培养他们的应变能力和创新思维。

（2）适时拓展延伸，提升数学素养。课堂教学时间有限，但学生的学习不应止步于课堂。教师可以通过阅读延伸的方式，引导学生在课后继续探索和学习。除了教材外，教师还可以推荐相关的科普知识和课外材料，让学生拓宽视野、增长见识。通过实施"课内学一点，课外带几点"的学习方法，学生可以更加深入地理解和应用数学知识，提升数学素养和综合能力。这种拓展延伸的学习方式不仅能够满足学生的个性化需求，还能激发他们的学习兴趣和动力，为他们的未来发展奠定坚实基础。

（四）微课受众参与达成四个深度

1. 深度参与：激发思维活力，促进知识内化

学习，从本质上讲，是思维的活动。学生思维的参与程度，不仅决定了学习过程的深度与广度，更决定了学生所获得知识是否具有持久的生命力和应用价值。在教学过程中，教师应充分认识到这一点，给予学生充足的思维空间和时间，鼓励他们进行深度思考。这种深度思考，不仅有助于学生深入理解知识，还能培养他们的思维深刻性，提高知识的再生和迁移能力。

为了实现这一目标，教师可以采用多种教学方式，如小组讨论、分组学习、课前预习等，以体现自主、合作和探究的学习方式。在这些活动中，教

师应积极引导学生参与讨论，鼓励他们提出自己的观点和见解，同时也要注意师生互动，即使面对教师讲课，也要通过提问、讨论等方式，让学生参与到课堂中来，使他们的思维得到充分的锻炼和激活。

例如，在教授数学概念时，教师可以通过模拟对话或实际案例，引导学生深入理解概念的本质和内涵。在小组讨论中，学生可以相互启发，共同探索问题的解决方案，这种互动不仅有助于知识的内化，还能培养学生的团队协作能力和沟通能力。

2. 深度理解：构建生活情境，感悟数量关系

数量关系是数学学习的核心内容之一，也是解决问题的关键。然而，这些数量关系并不是凭空产生的，它们源于人类的生产和生活实践。因此，在教学过程中，教师应善于创设合适的生活问题情境，让学生在实际问题的解决过程中，自主感悟、总结、提炼出这些数量关系。

以数量关系学习为例，教师可以通过设计贴近学生生活的实际问题，如购物、测量、计算等，引导学生运用数学知识去解决问题。在这个过程中，学生会自然而然地理解数量关系的含义和应用，而不是通过机械的记忆和练习来掌握。这种深度理解，不仅有助于学生更好地掌握数学知识，还能培养他们的实际应用能力和创新思维。

例如，在教授比例关系时，教师可以通过设计关于比例分配的实际问题，如分配任务、分配资源等，让学生在解决问题的过程中，深入理解比例关系的本质和特征。同时，教师还可以引导学生通过比较、分析等方法，自主发现比例关系的规律和性质，从而加深对知识的理解和掌握。

3. 深度引领：优化解题策略，培养思维灵活性

解决问题的策略是多种多样的，不同的问题可能需要不同的解题策略。在教学过程中，教师应注重培养学生的解题策略意识，引导他们根据问题的特征，选择最为匹配的解题策略。同时，教师还要通过深度引领，帮助学生优化解题策略，提高他们的解题效率和准确性。

以《两位数乘两位数》一课为例，教师可以通过设计具有层次性和挑战

性的问题，引导学生逐步深入探究。在学生发现连乘式子的规律后，教师可以进一步引导学生比较不同计算方法的优劣，从而选择更为简洁、高效的运算策略。这种深度引领，不仅有助于学生掌握具体的计算方法，还能培养他们的思维灵活性和优化意识。

此外，教师还可以通过设计变式练习、开放性问题等方式，进一步拓展学生的解题思路和方法。通过不断变换问题的情境和条件，引导学生从多个角度、多个层面去思考问题，从而培养他们的创新思维和问题解决能力。

4. 深度拓展：延伸知识触角，拓宽学习视野

课堂教学是学生学习知识的主要途径之一，但仅仅依靠课堂教学是远远不够的。为了让学生更好地探索与发现、巩固与提高、创新与实践，教师在教学设计时应注重知识的延伸与拓展。通过深度挖掘教材内容和相关知识点之间的联系，以及与生活实际的结合点，教师可以设计出具有深度和广度的微课内容。

以苏教版六年级的百分数知识为例，教师可以在课堂拓展环节设计一些与生活实际紧密相关的情境和问题，如银行取款、存款中的税率、利息、利率等。通过这些问题情境的设计，学生可以更加深入地理解和应用百分数的知识，同时也可以将所学知识运用到实际生活中去。这种深度拓展不仅有助于学生巩固和深化所学知识，还能拓宽他们的学习视野和思维空间。

此外，教师还可以通过推荐相关书籍、资料、网络资源等方式，引导学生进行课外拓展学习。通过课外阅读和自主学习，学生可以进一步拓宽知识面和视野，提升自己的综合素养和创新能力。

三、智博微课的要点

（一）情境导入新课

随着课程改革的不断深化，创设情境、让学生在生动具体的情境中学习这一教学理念已经深入人心，成为广大教师普遍接受并积极实践的教学策

略。特别是在微课这一精细化教学形式中，情境导入更是占据了举足轻重的地位，它不仅能够迅速吸引学生的注意力，还能有效激发学生的学习兴趣，为后续的深入学习奠定坚实基础。

1. 立足学生实际，灵活创编高效教学情境

为了让学生在微课中能够身临其境、感同身受，教师需要从学生的实际出发，精心创编既符合学生认知水平又贴近其生活实际的教学情境。

（1）打造"真实情境"，让学生在问题解决中体验知识的力量。"真实情境"的创设应紧密围绕学生的日常生活，确保情境中的问题和挑战都是学生在现实生活中可能遇到的。这样，学生在解决问题的过程中，不仅能够加深对知识的理解，还能体验到知识在解决实际问题中的价值，从而增强学习的动力和信心。

（2）编织有趣的故事化情境，以故事为引，激发学生学习热情。针对不同课程的内容，教师可以巧妙地将知识点融入一个个引人入胜的故事中。这些故事不仅要有趣、生动，还要能够巧妙地引出教学主题，引导学生在故事的情境中思考问题、寻找答案。通过故事化的情境，学生能够在轻松愉快的氛围中学习新知识，同时培养想象力和创造力。

2. 充分利用教材主题情境图，提升教学效果

教材中的主题情境图是教材编写者精心设计的宝贵教学资源，它们不仅色彩鲜艳、形象生动，而且蕴含着丰富的教学信息和人文内涵。然而，在实际教学中，这些主题情境图往往被一些教师所忽视，导致教学资源的浪费。

（1）深入解读主题图，把握教学核心。教师要仔细研究主题图的每一个细节，理解其背后的教育理念和教学目标。只有充分领会主题图的内涵，才能在教学设计中巧妙地运用它，创设出既符合教学要求又富有创意的情境，从而有效地引导学生进入学习状态。

（2）挖掘主题图中的知识宝藏，培养学生的自主学习意识。主题图不仅是一个个生动的画面，更是知识的载体。教师要善于从主题图中提炼出关键信息，引导学生通过观察、思考、讨论等方式主动探索知识。同时，还要鼓励学生提出自己的问题和见解，培养他们的批判性思维和创新精神。

（3）发掘主题图中的人文因素，让教学更有温度。教学情境的创设不仅要关注知识的传授，还要关注学生的情感发展和价值观培养。教师要深入挖掘主题图中蕴含的人文精神、道德观念等教育资源，通过情境模拟、角色扮演等方式让学生亲身体验和感悟。这样，学生不仅能够在知识上得到成长，还能在情感上得到熏陶和升华，实现全面发展的教育目标。

综上所述，教师在设计微课时应充分利用情境导入的优势，结合学生的实际情况和教材的主题情境图，创设出既有趣又有效的教学情境。通过这样的教学方式，学生不仅能够在轻松愉快的氛围中掌握知识，还能在情感和价值观上得到全面的提升。

（二）自主学习，明确分工

在课堂教学中，自主学习与合作讨论是相辅相成的两个方面，它们共同构成了高效课堂的基石。以学生独立自主学习为前提，结合合作讨论，不仅能让学生深入理解教材知识，还能培养他们的团队协作能力。同时，将教材内容与周围世界和生活实际相结合，为学生提供丰富的表达、质疑、探究和讨论问题的机会，是提升学生学习兴趣和主动性的有效途径。为了真正实现这一目标，在微课设计时我们必须遵循以下原则，以促使学生自主学习。

（1）激发学生自主学习的兴趣，开启知识之门。达尔文曾言："最有价值的知识是关于方法的知识。"这句话深刻揭示了学习方法的重要性。要培养学生的自主学习能力，首先需要在教学中改进教法，指导他们掌握正确的学习方法。正如古语所说，"授人以鱼，不如授人以渔。"只有让学生掌握正确的思维方法和学习方法，他们才能主动地去探索知识，成为学习的主人。在微课设计中，我们可以通过设置趣味性强的学习任务、引入生活实例、设计探究性问题等方式，激发学生的学习兴趣，引导他们主动投入到学习中去。

（2）引导自主探究，释放学生的潜能。作为教师，我们要树立强烈的学生意识，把探究的机会真正让给学生。这意味着我们需要给学生足够的时间和空间去自主探究，让他们根据自己的兴趣和学习方式，设计活动方案，通过观察、操作、猜测、思考等方法，在研学中获取知识。在这个过程中，教师要做到"三不"：学生会自己解决的，不提示；学生能自己思考的，不暗示；学生能自己评价的，不先表示。这样，学生才能逐渐形成自主探究学习的能力和刻苦钻研的精神。在微课设计中，我们可以通过设置开放性问题、提供多样化的学习资源、鼓励学生进行小组合作等方式，为学生的自主探究提供有力支持。

（三）精讲点拨，深化理解

"精讲点拨"是教师在教学过程中，针对学生学习过程中遇到的知识障碍、思维障碍与心理障碍，采用精炼恰当的语言进行点拨，帮助学生突破障碍，加快思维进程，找到解决问题的途径与方法。

1. 微课设计的原则

在微课设计中，要做到精讲点拨，需遵循以下原则：

（1）以教为主导，以学生为主体。精讲点拨要充分体现学生的主体地位，通过教师的引导，让学生主动思考、探索，体验成功的喜悦。只有这样，教学才是最有效的，学生的自主学习能力才能得到充分发挥，创新能力也会随之提升。

（2）面向全体学生，注重个体差异。精讲点拨不仅要选题精当、有针对性，还要讲解到位、方法得当，确保全体学生都能掌握。同时，要关注学生的个体差异，对于不同水平的学生，采取不同程度的点拨方式，使每个学生都能有所收获，实现全体学生的共同进步。

（3）适当适度，避免过度干预。精讲点拨要适度，既不可过长过频，让学生感到烦躁、阻碍思维，也不可过短或过于隐晦，让学生无法理解。同时，要避免过度讲解，侵占学生的思维空间，阻碍他们思维能力的发展。因此，在微课设计中，教师要精心安排点拨的内容和时间，确保精讲点拨恰到好处。

（4）灵活多变，因材施教。精讲点拨要灵活多变，根据课型、知识内容和学生接受能力灵活安排。方法上要灵活多样，针对不同情况采取不同的点拨方式；程度上也要灵活调整，根据学生的实际情况进行不同程度的点拨。这样，才能确保精讲点拨的效果最大化，真正帮助学生深化理解，提升课堂效率。

2. 精讲点拨设计方法

精讲点拨是教学过程中的重要环节，它要求教师以精炼的语言、恰当的方式，在关键时刻给予学生恰到好处的指导，帮助学生突破学习难点，提升学习效果。以下是几种有效的精讲点拨设计方法：

（1）发散点拨。在设计精讲点拨时，教师应精准地选取那些能够激发学生思考、联想，并促使他们改变思考方向的"发散点"。这些点往往是学习内容的难点或关键点，也是学生思维的"爆发点"。通过巧妙地设置问题或情境，教师可以引导学生从多个角度、多个层面去思考问题，培养他们的发散思维和创新能力。例如，在解决一个数学问题时，教师可以提出一个开放性问题，鼓励学生尝试不同的解法，从而拓宽他们的解题思路。

（2）迂回式点拨。当学生遇到难以直接解决的问题时，教师可以采用迂回的方式给予点拨。这种点拨方式不直接揭示答案，而是通过旁敲侧击、暗示或引导，让学生自己去发现问题的关键所在。比如，教师可以通过讲述一个与问题相关的故事或例子，让学生在故事中受到启发，从而找到解决问题的线索。或者，教师可以提出一个与问题相似但更易于理解的问题，让学生通过解决这个问题来领悟原问题的解决方法。

（3）直接点拨。在某些情况下，学生可能由于语言障碍或表达能力有限，难以准确表达自己的想法。这时，教师可以采用直接点拨的方式，直接给出关键词或短语，帮助学生跨越语言障碍，清晰地表达自己的观点。这种点拨方式要求教师要准确把握学生的语言难点和表达需求，以简洁明了的语言给出恰当的提示。

（4）辅助性点拨。当学生在解决难度较大的问题或遇到困难时，教师需要设计辅助性的点拨来帮助他们。这种点拨可以是通过提供额外的信息、示例或工具来降低问题的难度，或者是通过引导学生回顾相关知识、梳理解题思路来增强他们的解题能力。辅助性点拨的目的是让学生在遇到困难时能够得到及时的帮助和支持，从而保持学习的积极性和信心。

（5）收敛点拨。与发散点拨相反，收敛点拨是针对那些只有一个正确答案或最佳解决方案的问题而设计的。在这种点拨方式中，教师会从多个方向和角度引导学生思考，但最终目的是将他们的思维引向那个唯一的答案或解决方案。这种点拨方式要求学生具备较高的思维集中能力和逻辑推理能力，能够排除干扰信息，准确找到问题的关键所在。通过收敛点拨，教师可以帮助学生形成严谨的思维习惯，提高其解决问题的能力。

四、智博微课的制作流程

（一）分析阶段

1. 确定内容：微课制作的首要任务与核心策略

在制作一节微课的初步阶段，选题无疑是最为关键的一环。一个恰当的选题不仅能够使微课制作事半功倍，还能极大地提升学习者的学习兴趣和效果。智博微课的选题，需要精准地聚焦在特定的主题上，这些主题可以是核心概念、单个知识点、某个教学环节或教学活动等。这样的选题策略确保了教学目标明确，教学内容清晰，能够在有限的时间内被讲解得透彻且易于理解。

微课的选题应当从众多的知识点或教学环节中精心提炼出重点、难点或兴趣点，这些点往往是学习者在学习过程中最为关注且难以自行攻克的部分。微课内容的形式可以多样，包括但不限于知识讲解、题型精讲、技能演示、总结归纳、知识拓展、教材解读、方法传授以及教学经验交流等。这些形式旨在满足学习者不同的学习需求，帮助他们更好地理解和掌握所学知识。

然而，学习本身往往不如玩游戏那样有趣。因此，在生活碎片时间里利用微课进行移动学习、泛在学习时，微课选题的实用性和趣味性显得尤为重要。选题应避免过于复杂且不可分割论述的学习内容，因为这样的内容在微课中难以得到有效呈现。同时，对于那些无关紧要、主题不明确、没有特色或对学习者缺乏吸引力的教学内容，我们不应将其纳入微课开发的范畴。这样的选题不仅无法发挥微课引导自主学习的作用，还会增加微课管理系统的负担，导致教学内容的冗余。

为了确保微课选题的准确性和吸引力，我们可以从以下几个方面入手：首先，深入了解学习者的需求和兴趣点，确保选题与他们的实际需求紧密相关；其次，对选题进行充分的调研和分析，确保其具有足够的深度和广度；最后，结合微课的特点和优势，对选题进行创意性的设计和规划，使其能够在短时间内吸引学习者的注意力并激发他们的学习兴趣。

2. 学习者分析：微课设计不可或缺的关键步骤

智博微课作为一种优质的学习资源，其最终目的是为学习者服务。因此，在微课制作之前，对学习者进行详尽的分析是至关重要的一步。我们需要明确学习者所处的阶段、他们的认知特点以及他们可能喜欢的微课形式，这些信息将为我们设计制作出符合学习者需求的微课提供有力的依据。

在进行微课视频的设计与制作时，我们应尽量减少学习者的认知负荷。认知负荷理论认为，学习材料的组织与呈现方式、学习材料的复杂性以及学习者的先验知识是影响认知负荷的基本因素。因此，在微课的制作过程中，我们需要注重内容的组织和呈现方式，确保内容简洁明了、易于理解。同时，我们还应尽量将复杂问题简单化，避免给学习者有限的工作记忆空间带来过大的压力。

为了实现这一目标，我们可以采取以下策略：首先，合理安排原生性认知负荷，确保微课内容既具有挑战性又不过于复杂；其次，降低无关性认知负荷，避免在微课中加入与主题无关的信息或元素；最后，优化相关性认知负荷，通过精心设计的教学活动和练习题来巩固和强化所学知识。

此外，根据掌握学习操作程序中的形成性评价原则，在微课学习完成后对学习者的学习效果进行形成性评价是巩固和强化所学知识的重要手段。因此，在微课视频的支持材料中，我们应提供适量的练习题来供学习者巩固所学内容。这些练习题可以是确定性的选择题，也可以是开放性的思考题。对于素质教育类学习内容来说，开放性的思考题往往更能激发学习者的思考和创新能力。同时，练习题的设置应适度，不宜过多或过难，以免增加学习者的学习负担。我们应确保练习题既有趣又具挑战性，让学习者有动力和能力主动完成练习。

3. 学习内容深度剖析

在微课开发的这一关键环节，开发者需对选定的学习内容进行全面且深入的分析，这是确保微课质量与教学成效的基石。此环节不仅要求明确教学目标，还需精准识别并界定本节课的教学重点、难点，同时深入探索那些可能引起学生兴趣或困惑的焦点问题，以及学生在学习过程中容易出错或误解的易错点。

（1）核心策略在于从细微处着手，以"点"为突破口，通过"以小见大"的方式，将庞大的知识体系拆解为易于吸收、理解的碎片化内容。这种枝节化的知识呈现方式，既符合现代学习者的认知习惯，也便于学生在短时间内高效掌握核心知识点。

（2）设计原则。① 学习者中心：始终站在学习者的角度，考虑他们的兴趣、需求及认知水平，设计贴近学生实际的脚本，确保内容既有趣又实用。② 专业呈现：以高度的专业素养和精益求精的态度，追求视频制作的每一个细节，确保画面清晰、音质优良、内容准确无误，为学习者提供最佳的视觉与听觉体验。

4. 素材准备与整合

此环节是连接分析阶段与设计实施的关键桥梁。开发者需将前期分析的结果系统化整理，为后续教案设计奠定坚实基础。同时，针对微课中涉及的所有知识点，广泛收集并精选相关素材，这是微课内容丰富性、吸引力的关键所在。

（1）素材准备。① 软件选择。根据微课制作的需求与自身技术能力，合理选择制作软件。对于初学者或追求快速制作的场景，可选用如爱剪辑、剪辑师等娱乐级或入门级软件；而对于追求更高画质、特效及专业度的微课，则推荐使用 Camtasia Studio、会声会影、Edius、Premiere 等专业级软件。② 视频素材分类与格式。对收集到的素材进行科学分类，包括图片（如 jpg、bmp、gif、png 等格式）、音频（如 mp3、avi、wma、wav 等格式）以及视频（如 mp4、avi、wmv、swf 等格式），确保素材格式兼容且便于后续编辑处理。

（2）素材处理与整合。在微课制作过程中，各类素材往往需经过精心处理与巧妙整合，以达到最佳的呈现效果。对于存在质量瑕疵的素材，如录制噪音、画面模糊等，需利用专业软件进行降噪、锐化等处理；对于网络下载的素材，还需注意版权问题，确保合法使用。

通过精心编排与剪辑，将处理后的素材有机融合，形成逻辑清晰、节奏适宜的微课视频。这一过程中，开发者需充分发挥创意，运用动画、特效等手段增强视频的吸引力和教学效果，使微课不仅成为知识传递的载体，更成为激发学习兴趣、促进深度学习的有力工具。

（二）设计阶段

1. 智博微课脚本设计

好像电影有剧本一样，微课也要有"镜头脚本"与"剧本"，我们可以将它称为脚本。本环节的任务就是要将微课进行详细规划，微课中的词句表述、时间安排、场景编排，都要进行布置和描写，可以将其理解为教学环节的升级细化版。

2. 练习设计

一节微课如果仅仅有一个视频的话，那么便达不到"完整"这一标准，开发者还要考虑到与本节微课相关配套资源的设计。

3. 制作阶段

（1）制作流程依次为：① 微课主题确立；② 微课方案撰写；③ 素材准备；④ 素材导入；⑤ 素材编辑；⑥ 检查梳理；⑦ 渲染生成。

（2）教师常用微课程制作方法举例：① 手机摄像（纸上书写，白板书写，实体操作）；② PPT 讲解+批注（录屏、录音）：充分发挥 PPT 艺术优势；手写和即时批注互动；语言讲述传递现场情感。

参考文献

[1] 杨大沾，吴迪，杨月．《课程标准》背景下中小学英语课程思政建设［J］．英语教师，2024（18）：35-38．

[2] 柯汉琳．中小学教师美育八堂课［M］．广州：岭南美术出版社，2024．

[3] 周广玲，胡勤楠，米守勇．一叶知秋小学特色校本课程开发理论与实践［M］．上海：上海大学出版社，2024．

[4] 陈琳．跨学科课程的杨浦构建与研究［M］．上海：上海远东出版社，2024．

[5] 李岑虎．研学旅行课程设计［M］．4版．北京：旅游教育出版社，2024．

[6] 徐方亮．中小学语文教学课程与应用研究［M］．长春：吉林文史出版社，2024．

[7] 徐扬．中小学健康教育课程实施与评价［M］．合肥：中国科学技术大学出版社，2024．

[8] 王玉春．中小学融创教学路径研究［M］．沈阳：辽宁人民出版社，2024．

[9] 肖辉．乡村中小学美育教师专业发展叙事研究［M］．长沙：湖南师范大学出版社，2024．

[10] 乔桂香．小学数学课程标准与教材研究［M］．上海：上海交通大学出版社，2024．

[11] 王娟．悦读数学小学数学悦读课程的开发与实践［M］．苏州：苏州大学出版社，2024．

[12] 邬仁宇．核心素养视域下中小学篮球教学改革探析［J］．运动精品，

2024（7）：23-25.

[13] 王小华. 中小学教师专业发展与新课程改革的挑战与机遇 [J]. 教育，2024（3）：25-26.

[14] 郭婧，曾素林，钟顾群. 基于项目式学习的中小学劳动课程实施研究 [J]. 赣南师范大学学报，2024（1）：101-106.

[15] 刘子莹，洪霞. 中小学教师家校合作素养培训的课程设计与实施研究 [J]. 教育观察，2024（17）：82-85.

[16] 杨赛蕾，曹海涛，曹妍. 课程思政背景下中小学师德师风建设的实践路径探析 [J]. 品位·经典，2024（4）：140-142.

[17] 石林，郑贤一. 基于学生发展的区域中小学课堂教学改革与评价的实践探索 [J]. 吉林教育（综合版），2024（8）：88-92.

[18] 赵文超，徐传军. 核心素养视域下中小学健康教育与体育课程的整合分析 [J]. 青少年体育，2024（1）：105-108，54.

[19] 吴成超，徐荣华，蒋鸣熙. 基于 Moodle 平台的中小学 STEM 学科网络课程教学内容设计与构建研究 [J]. 中小学电教（综合），2024（2）：101.

[20] 徐磊，严文明，崔璐. 多元主体协同开发中小学课后服务课程的探索与实践——以科学素养类课程为例 [J]. 安徽教育科研，2024（23）：95-98.

[21] 曾亚琼，贾伟. 协同理论视域下中小学 STEAM 课程体系的建构及实施 [J]. 教学与管理，2024（30）：75-80.

[22] 唐红. 中华优秀传统文化植入中小学德育心育课程的路径研究[J]. 文化创新比较研究，2024（20）：138-142.

[23] 衷敏，苏衍慧. 核心素养视域下中小学研学旅行课程的实践与思考 [J]. 当代旅游，2024（5）：82-84.

[24] 琚颖. 新课程改革下的小学科学实验教学课程研究 [J]. 小学生，2024（22）：108.

［25］陈为建，杨玉春.教育评价改革背景下中小学教师的评价观与践行路径［J］.中国教师，2024（5）：43-45.

［26］舒振华.创新能力培养下中小学音乐教育改革策略探讨［J］.戏剧之家，2024（2）：193-195.

［27］王昕恬.陶艺课程在小学艺术类美育课程改革中的创新研究［J］.现代教育，2024（1）：77-81.

［28］孙建昆.课程与学生［M］.天津：天津社会科学院出版社，2023.

［29］姚春霞.中小学语文教学中的爱国主义教育实践探究［M］.北京：现代出版社，2023.

［30］高杨杰.知行课程实践研究［M］.西安：陕西人民出版社，2023.

［31］黄伟红.四季如歌融课程建设与实践［M］.杭州：浙江工商大学出版社，2023.

［32］邰方，张莉珉.小学音乐学科固定音高乐器特色课程设计［M］.上海：上海社会科学院出版社，2023.

［33］徐素秋.课题研究与主题课程群建设［M］.济南：山东大学出版社，2023.

［34］胡国清，张所倩.基于课程教学的"多元阅读"整体设计与实施［M］.上海：上海社会科学院出版社，2023.

［35］王小燕，陈丽.具身认知视角下小学数学体验课程的开发与实施研究［M］.重庆：重庆大学出版社，2023.

［36］马盘林，周毓琼，杨杨.中小学语文课程与教学研究［M］.长春：吉林文史出版社，2023.